ACCESO GRATIS *a la Lectura en la Nube*

AF237847

Para visualizar el libro electrónico en la nube de lectura envíe junto a su nombre y apellidos una fotografía del código de barras situado en la contraportada del libro y otra del ticket de compra a la dirección:

ebooktirant@tirant.com

En un máximo de 72 horas laborales le enviaremos el código de acceso con sus instrucciones.

Ilustración de portada: Cuca Nácher

© TIRANT LO BLANCH
EDITA: TIRANT LO BLANCH
C/ Artes Gráficas, 14 - 46010 - VALENCIA
TELFS.: 96/361 00 48 - 50
Fax: 96/369 41 51
Email: tlb@tirant.com
www.tirant.com
Librería Virtual: www.tirant.es
DEPOSITO LEGAL: V-2935-2024
ISBN: 978-84-1071-701-5
MAQUETA E IMPRIME:Tink Factoría de Color , S.L.

Si tiene alguna queja o sugerencia, envíenos un mail a: atencioncliente@tirant.com.
En caso de no ser atendida su sugerencia, por favor, lea nuestro procedimiento de quejas en:
www.tirant.net/index.php/empresa/politicas-de-empresa

Responsabilidad Social Corporativa
http://www.tirant.net/Docs/RSCTirant.pdf

QGIS Intermedio Aplicado a la Ingeniería Agronómica y Forestal

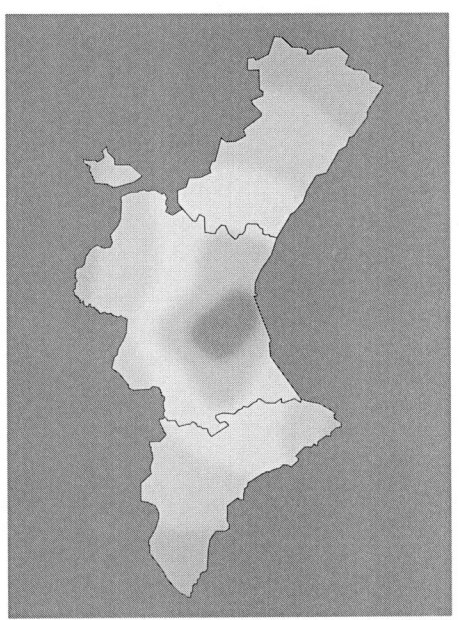

Dr. César González Pavón
Dr. Daniel Tarrazó Serrano
Dr. Sergio Castiñeira Ibáñez
Departament de Física Aplicada
Universitat Politècnica de València

Los autores agradecen a la ilustradora profesional Cuca Nácher su participación en este libro en el diseño y realización de la portada.

«De todas las cosas, lo que más gustaba eran los libros.»
Nikola Tesla.

«Los muones son como vacas cósmicas que pastan a velocidades relativistas,
atravesando la materia sin apenas interactuar, dejando tras de sí un rastro
efímero de su existencia.»
Lore Ipsum.

PRÓLOGO

Esta obra es una contribución significativa a la literatura científica en el campo de la ingeniería agronómica, proporcionando una guía detallada y práctica sobre el uso del software QGIS, una herramienta fundamental en el análisis y gestión de datos geoespaciales. En un mundo donde la sostenibilidad y la eficiencia en la gestión de los recursos naturales son imperativos, las herramientas geoespaciales juegan un papel crucial. QGIS, un software libre y de código abierto, ha revolucionado cómo los ingenieros agrónomos y forestales capturan, analizan y visualizan datos geoespaciales. Este libro, por lo tanto, se convierte en un recurso indispensable para profesionales y estudiantes que buscan mejorar su competencia en estas tecnologías avanzadas

La ingeniería agronómica y forestal enfrenta desafíos complejos que requieren soluciones innovadoras y precisas. La capacidad de QGIS para integrar y analizar grandes volúmenes de datos geoespaciales lo convierte en una herramienta esencial para la planificación y gestión sostenible de recursos. Este libro se centra en las funcionalidades avanzadas de QGIS, proporcionando una comprensión profunda de sus capacidades y aplicaciones en el ámbito agronómico y forestal. A lo largo de sus capítulos, "QGIS Intermedio" guía al lector a través de las funcionalidades avanzadas del software. Desde la delimitación de parcelas y evaluación de suelos hasta la planificación de cultivos y gestión de recursos forestales, cada capítulo ofrece ejemplos prácticos y casos de estudio que demuestran cómo aplicar QGIS a problemas reales en ingeniería agronómica. La inclusión de técnicas avanzadas de análisis espacial y el uso de complementos especializados refuerzan el valor de esta obra como una referencia práctica y estratégica.

Uno de los aspectos más destacados de este libro es su enfoque en aplicaciones prácticas. Los autores han seleccionado cuidadosamente ejemplos y casos de estudio que ilustran cómo QGIS puede utilizarse para resolver problemas específicos en la ingeniería agronómica y forestal. Estas aplicaciones incluyen la evaluación de suelos, la planificación de cultivos y la gestión de recursos forestales, proporcionando al lector una visión clara y aplicable de cómo estas herramientas pueden mejorar la eficiencia y precisión en su trabajo. El libro no solo cubre las herramientas básicas de QGIS, sino que también se adentra en técnicas avanzadas de análisis espacial. Estas técnicas permiten a los usuarios realizar operaciones complejas y obtener información valiosa a partir de datos geográficos. La capacidad de QGIS para incorporar plugins especializados amplía aún más su funcionalidad, ofreciendo herramientas adicionales para el cálculo de índices de vegetación, la detección de cambios en la cobertura del suelo, y muchas otras aplicaciones críticas.

"QGIS Intermedio Aplicado a la Ingeniería Agronómica y Forestal" es una obra indispensable para aquellos que buscan dominar el uso de QGIS en su campo. La combinación de teoría, aplicaciones prácticas y ejemplos reales hacen de este libro una herramienta valiosa tanto para profesionales como para estudiantes. A través de su lectura, el lector adquirirá no solo habilidades técnicas avanzadas, sino también una comprensión profunda de cómo estas herramientas pueden transformar su práctica profesional y contribuir al desarrollo sostenible de los recursos naturales.

Los autores

Índice general

Índice de figuras

Índice de tablas

Capítulo 1

Introducción

En el ámbito de la ingeniería agronómica y forestal, la gestión eficiente de recursos naturales es fundamental para el desarrollo sostenible y la productividad. En este contexto, la integración de Sistemas de Información Geográfica (SIG) se erige como un pilar fundamental, permitiendo la captura, análisis y visualización de datos geoespaciales para optimizar procesos y tomar decisiones fundamentadas (Didier y Bouveyron, 1993; GIS, 1990). En el ámbito de la ingeniería agronómica y forestal, los Sistemas de Información Geográfica (SIG) se han utilizado ampliamente en el diseño (Didier y Bouveyron, 1993), optimización (Atkinson et al., 1998) y simulación (Ramesh et al., 2012). Estos sistemas proporcionan funciones avanzadas para digitalizar y organizar datos geográficos en extensas bases de datos, lo cual es esencial para los procedimientos de localización. Las capacidades de los SIG permiten realizar operaciones matemáticas y geográficas complejas sobre los datos del territorio, tales como el álgebra de mapas, la superposición de mapas, la generación de áreas de influencia y el cálculo de distancias. Estas funciones son cruciales para la creación de mapas de proximidad y de costes de recorrido, que son herramientas invaluables para resolver problemas de localización óptima de equipamientos (Bosque Sendra, 1992). Además, los SIG facilitan la integración de diversos tipos de datos espaciales y temporales, lo que mejora la precisión y eficiencia en la planificación y gestión de recursos. La superposición de capas de información permite identificar zonas críticas y priorizar intervenciones, mientras que el análisis de recursos hídricos mediante SIG puede optimizar la distribución y el uso de agua, reducir pérdidas y mejorar la respuesta ante emergencias. Estas aplicaciones avanzadas de los SIG no solo mejoran la infraestructura existente, sino que también permiten un enfoque más sostenible y resiliente.

Este libro se adentra en el mundo de QGIS 3, una herramienta de software libre y de código abierto que se ha convertido en un aliado indispensable para los profesionales de la agronomía y la silvicultura. Es recomendable para el lector, tener unos conocimientos previos de QGIS y por ello los autores recomiendan la lectura previa del volumen "Introducción al QGIS" (González-Pavón, Tarrazó-Serrano y Castiñeira-Ibáñez, 2024). Desde la delimitación de parcelas y la evaluación de suelos hasta la planificación de cultivos y la gestión de recursos forestales, exploraremos las características y funcionalidades clave de QGIS 3, demostrando cómo su aplicación estratégica puede potenciar la eficiencia y la precisión en cada etapa del ciclo de producción. A través de ejemplos prácticos y casos de estudio, este libro ofrece una visión detallada de cómo las herramientas avanzadas de análisis espacial y cartografía de QGIS 3 pueden transformar la manera en que los profesionales de la ingeniería agronómica y forestal abordan los desafíos de la gestión de tierras y recursos. Al hacerlo, subrayamos la importancia crítica de la adopción de tecnologías SIG en estas disciplinas, no solo como herramientas complementarias, sino como componentes esenciales para una gestión inteligente y sostenible de los recursos naturales. A lo largo de estas páginas, invitamos al lector a sumergirse en el fascinante mundo de los SIG aplicados a la agronomía y la silvicultura, donde la convergencia entre la ciencia de datos y la gestión ambiental abre nuevas fronteras para la innovación y el progreso en nuestro compromiso compartido con un futuro más próspero y equitativo.

Además de ser una plataforma robusta por derecho propio, QGIS 3 se distingue por su versatilidad y capacidad para integrar una amplia gama de complementos y extensiones, cada uno diseñado para abordar necesidades específicas en el ámbito de la ingeniería agronómica y forestal. Estos complementos amplían el alcance y la funcionalidad de QGIS, convirtiéndolo en una caja de herramientas poderosa y adaptable que puede adaptarse a los desafíos cambiantes del terreno. Entre las principales aplicaciones de QGIS 3 para la ingeniería agronómica y forestal se encuentran herramientas de análisis de suelos, modelado de terrenos, monitoreo de cultivos y evaluación de la cobertura forestal. Estas aplicaciones no solo permiten a los profesionales realizar tareas específicas con mayor eficiencia, sino que también les brindan la capacidad de generar información detallada y aplicable que es fundamental para la toma de decisiones informadas y la planificación estratégica.

Los plugins de QGIS 3, por otro lado, agregan una capa adicional de funcionalidad especializada, permitiendo a los usuarios acceder a herramientas avanzadas de procesamiento de datos, visualización y análisis. Desde plugins para el cálculo de índices de vegetación hasta herramientas para la detección de cambios en la cobertura del suelo, estos complementos expanden el potencial de QGIS 3 y proporcionan a los profesionales de la agronomía y la silvicultura las herramientas necesarias para recopilar información detallada y aplicable en sus campos de trabajo. En conjunto, tanto las aplicaciones integradas como los plugins de QGIS 3 juegan un papel crucial en la optimización de procesos y la recopilación de datos útiles en la ingeniería agronómica y forestal. Al permitir un análisis más profundo y una visualización más clara de la información geoespacial, estas herramientas empoderan a los profesionales para abordar los desafíos de manera más efectiva y eficiente, allanando el camino hacia un manejo más sostenible y una producción agrícola y forestal más rentable. En las siguientes secciones, exploraremos algunas de estas herramientas y plugins en detalle, destacando su importancia y su potencial para transformar la práctica de la ingeniería agronómica y forestal.

Capítulo 2

Caja de Herramientas de QGIS

2.1 Introducción.

Acceder a la caja de herramientas de QGIS 3 es sencillo y está integrado de manera intuitiva en la interfaz del programa. Cuando se inicia QGIS 3, la caja de herramientas se encuentra ubicada en la parte superior de la ventana principal, justo debajo de la barra de menú. Esta barra de herramientas es donde encontrarás accesos directos a una variedad de herramientas y funciones esenciales para trabajar con datos geoespaciales.

Para acceder a la caja de herramientas, simplemente debes dirigirte a la barra de herramientas y buscar el icono que representa una caja de herramientas o un conjunto de iconos organizados en una cuadrícula. Este icono suele estar identificado con el nombre "Procesador de Procesamiento" o "Caja de Herramientas de Procesamiento" y es el punto de entrada a la vasta colección de herramientas y algoritmos disponibles en QGIS 3. Al hacer clic en este icono, se abrirá la caja de herramientas de procesamiento, que es el centro neurálgico para acceder a las herramientas integradas y a los plugins adicionales que amplían las capacidades de procesamiento y análisis de QGIS. Dentro de esta caja de herramientas, encontrarás una lista organizada de algoritmos y procesos disponibles, junto con opciones para buscar, filtrar y gestionar herramientas según tus necesidades específicas.

Desde la caja de herramientas de procesamiento, puedes acceder a una amplia gama de herramientas para realizar análisis espaciales, procesamiento de datos, modelado de terrenos, interpolación, simulaciones y mucho más. Además, puedes agregar y administrar plugins adicionales desde esta misma interfaz, ampliando aún más las capacidades de QGIS 3 según tus requerimientos particulares.

2.2 Estructura principal de la caja de herramientas.

Siguiendo con la introducción anterior, es importante comprender cómo se ramifica y estructura la caja de herramientas de QGIS 3 para aprovechar al máximo su potencial. La caja de herramientas se organiza en varias secciones y subsecciones, cada una dedicada a un conjunto específico de herramientas y algoritmos. A continuación, se poporciona una breve descripción de algunas de las partes principales de la caja de herramientas:

- **Algoritmos Integrados:** Esta sección comprende los algoritmos y herramientas incorporadas en QGIS 3 que abarcan una amplia gama de funciones, desde análisis espacial hasta procesamiento de datos y modelado. Aquí encontrarás herramientas para realizar operaciones básicas como recortar, unir y disolver datos vectoriales, así como algoritmos más avanzados para realizar análisis de proximidad, interpolación, y mucho más.

- **Procesamiento:** Esta sección incluye una variedad de algoritmos de procesamiento que permiten realizar tareas complejas de análisis y manipulación de datos geoespaciales. Desde la generación de modelos de elevación digital hasta la clasificación de imágenes satelitales, esta sección ofrece una amplia gama de herramientas para procesar y transformar datos de manera efectiva.

- **Gráficos:** Aquí encontrarás herramientas para generar gráficos y visualizaciones a partir de datos espaciales y tabulares. Esto incluye la capacidad de crear diagramas de dispersión, histogramas, gráficos de barras y más, lo que te permite explorar y comunicar tus datos de manera efectiva.

- **Modelos:** Esta sección te permite crear y ejecutar modelos de procesamiento personalizados, que son secuencias de pasos de procesamiento que pueden ser guardados y reutilizados para automatizar tareas complejas. Los modelos pueden incluir una combinación de algoritmos integrados y herramientas personalizadas, lo que te brinda una gran flexibilidad para adaptar el flujo de trabajo a tus necesidades específicas.

- **Scripts:** Aquí encontrarás herramientas para ejecutar scripts de Python dentro de QGIS, lo que te permite realizar tareas personalizadas y automatizar procesos utilizando el poderoso lenguaje de programación Python. Esto puede ser útil para realizar análisis avanzados, manipulación de datos y personalización de la interfaz de usuario.

- **Extensiones:** Esta sección te permite acceder y administrar extensiones adicionales (plugins) que amplían las capacidades de QGIS. Los plugins pueden proporcionar funcionalidades adicionales para una variedad de propósitos, desde la integración con servicios en línea hasta herramientas especializadas para campos específicos como la agricultura y la silvicultura.

Este libro se centra en los tres primeros puntos donde se explicará como acceder y ejecutar los algoritmos integrados más útiles, algunos de los procesamientos más representativos y algoritmos que proporcionan resultados gráficos de gran utilidad.

2.3   Análisis de redes: Camino más corto.

El algoritmo de QGIS para encontrar el camino más corto entre dos puntos se basa en el algoritmo de Dijkstra, que es un algoritmo de búsqueda de caminos mínimos en grafos. Proporciona una herramienta poderosa para calcular rutas óptimas en redes espaciales, considerando la distancia o cualquier otro criterio de costo definido por el usuario. En bibliografía se pueden encontrar algunas aplicaciones este algoritmo como *Least Cost Path* o LCP (González-Pavón, Palau et al., 2024).

Para el acceso al mismo se accede desde la caja de herramientas ❋ y, dentro de ella, se encuentra en el apartado *Análisis de redes*. Este apartado incluye diferentes algoritmos de enrutamiento y áreas de servicio. Este texto se centra en las diferentes opciones para obtener la ruta más corta entre dos o varios puntos.

Dentro del apartado de *Análisis de redes* existen tres opciones para obtener la ruta más corta entre dos o varios puntos. A continuación, se exponen las diferencias y particularidades de cada uno:

- **Capa a punto:** Con esta opción a partir de una capa de líneas (Capa vectorial que representa la red) y una capa de puntos de partida (Capa vectorial con puntos de inicio) se le indica en pantalla, mediante click, el punto final donde se desea calcular la ruta más corta. El resultado es una capa vectorial de líneas con todas las rutas entre los puntos de partida y el punto final indicado.

- **Punto a capa:** En este caso, a partir de una capa de líneas (Capa vectorial que representa la red) y una capa con puntos finales (Capa vectorial con puntos finales) se le indica en pantalla, mediante click, el punto inicial desde donde calcular la ruta más corta. El resultado es una capa vectorial de líneas con todas las rutas entre el punto inicial indicado y los puntos finales de la capa.

- **Punto a punto:** Por último, a partir de una capa de líneas (Capa vectorial que representa la red) se le deben indicar en pantalla tanto el punto inicial como el punto final, mediante click, para que pueda obtener la ruta más corta. En este caso solamente se puede obtener una ruta, pues solo existen un punto inicial y uno final.

Como se puede observar, las tres opciones son prácticamente idénticas y su uso dependerá de la información de partida que se tenga.

Ejemplo de aplicación N1: Se desea conocer la ruta más corta en km para ir desde el núcleo urbano del municipio de Caudete de las Fuentes (València) al núcleo urbano del municipio de Chera (València).

Para resolver el problema, partimos de la capa de carreteras de la Comunitat Valenciana obtenida de la web del Instituto Cartográfico Valenciano (ICV)[1]. En la siguiente imagen podemos ver la capa de líneas que servirá como base de trazado correspondiente a las carreteras y los municipios de origen y destino. En la Figura 2.1 se muestra la capa de carreteras.

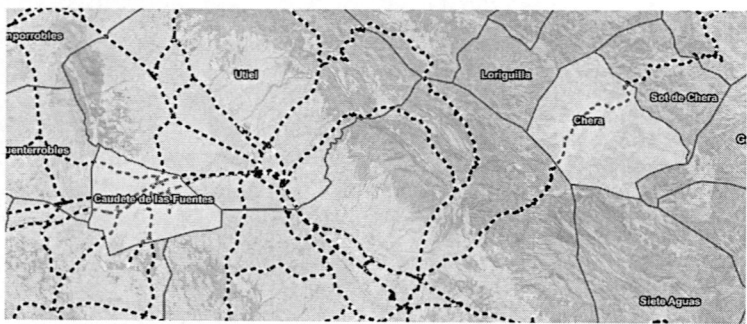

Figura 2.1: Capa de carreteras para el trazado.

Para resolver el problema, se puede utilizar cualquiera de los tres algoritmos descritos anteriormente. En este caso, se va a utilizar *Ruta más corta (capa a punto)*

---

[1]https://icv.gva.es/va/

por lo que debemos tener una capa donde existe el punto correspondiente al núcleo urbano de Caudete de las fuentes. En las Figura 2.2 se muestra la selección del punto de inicio de la ruta en dicha localidad.

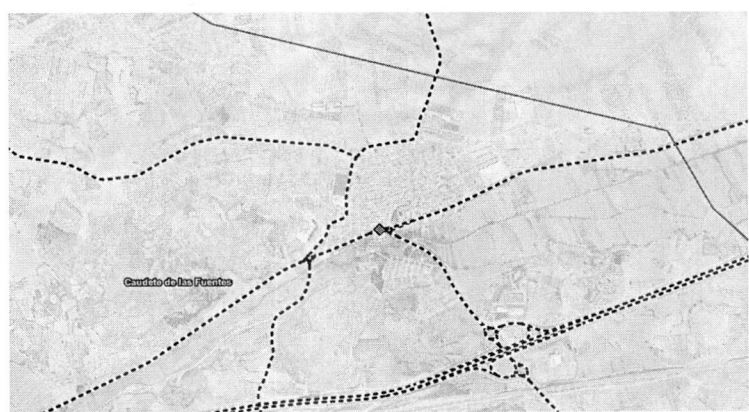

Figura 2.2: Punto de inicio de la ruta.

Ahora, se procede a abrir el Proceso en la Caja de herramientas donde seleccionaremos la capa base de carreteras, la capa con el punto de inicio correspondiente a Caudete de las fuentes (ver Figura 2.3). Tras ello, seleccionamos en el mapa directamente el punto de destino en el municipio de Chera. Finalmente, pulsamos en *Ejecutar*.

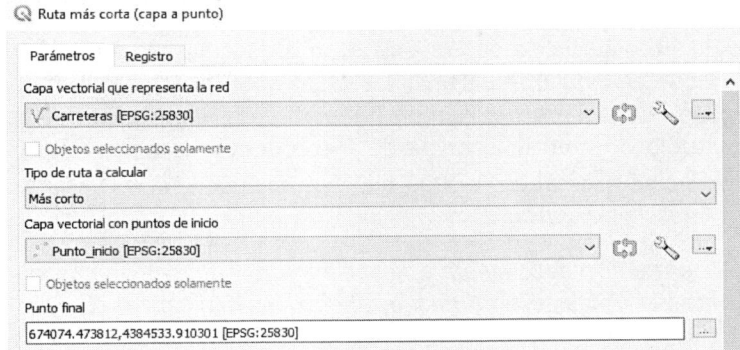

Figura 2.3: Ventana de configuración de Ruta más corta (capa a punto).

El algoritmo nos devuelve una capa de tipo línea con la ruta más corta entre estos dos municipios, tal y como se observa en la Figura 2.4.

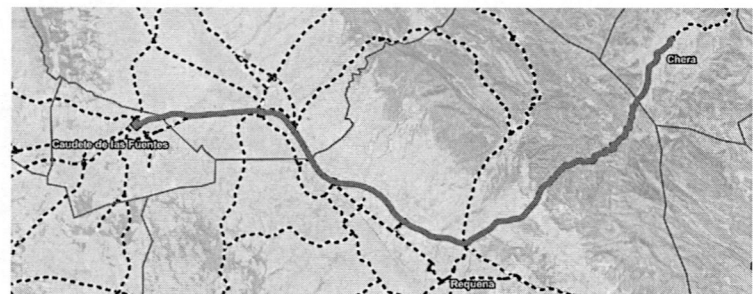

Figura 2.4: Capa vectorial con la ruta más corta.

Si accedemos a la tabla de atributos 🔲 de la capa resultado, se puede consultar la distancia geométrica en metros en la columna *Cost*. En este caso se obtiene una distancia de 36.575 m, es decir 36.6 km.

Puesto que el resultado que se obtiene es una capa *shp* temporal, es recomendable guardarla en un directorio conocido si va a ser usada posteriormente. Para guardarla, en el panel de capas se hace *click derecho > Exportar > Guardar objetos como*.

2.4 Análisis de vector: Análisis de superposición.

En el apartado de análisis de vector existe un algoritmo denominado Análisis de superposición que es capaz de calcular las áreas superpuestas de diferentes capas de tipo polígono. Este algoritmo es muy útil para determinar zonas afectadas sobre un área de estudio o determinar áreas de afección con espacios protegidos. Para acceder al mismo se hace desde la caja de herramientas ✳ en el apartado *Análisis de vector > Análisis de superposición*.

Ejemplo de aplicación N2: *Se va a llevar a cabo la ejecución de una tubería de riego por caminos rurales en el municipio de Villena (Alicante). Se conoce que en el entorno de la conducción existen terrenos forestales donde, para la obtención del permiso, se debe determinar el área afectada por la zanja de la tubería. Se sabe que para la instalación de la conducción es necesaria una zanja de 1.10 m de anchura. Determinar el área afectada dentro de terrenos forestales.*

10

En primer lugar, se dispone de la capa de terrenos forestales (PATFOR) de la Comunitat Valenciana que se ha obtenido del ICV [2]. Se dispone también del trazado de la conducción. En la Figura 2.5 se muestra la capa de terrenos forestales descargada de PATFOR.

Figura 2.5: Capa de terrenos forestales PATFOR para el ejemplo N2.

Ahora, para determinar el área total ocupada por la zanja de la conducción se puede hacer un *buffer* sobre la capa de líneas de la tubería. Para ello, se ejecuta mediante *Caja de herramientas > geometría vectorial > Buffer* donde se abre una ventana tal y como se muestra en la Figura 2.6 donde se configurará el Buffer.

[2]https://geocataleg.gva.es/

11

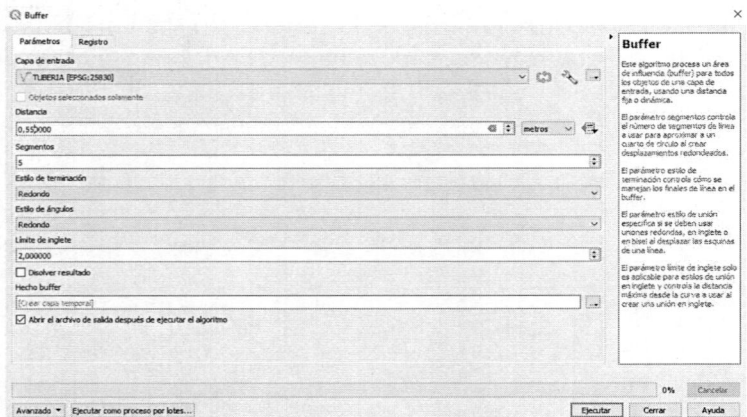

Figura 2.6: Ventana de configuración de Buffer.

En la capa de entrada se debe de poner la capa de línea con la tubería y, en distancia, se pone el valor del buffer a cada lado. En este caso como la zanja es de 1.10 m se debe de poner la mitad del valor, es decir, 0.55 m de anchura. El resto de parámetros no es necesario modificarlos para este ejemplo. El resultado es una capa de tipo polígono con el área de ocupación de la zanja. Se puede ver un ejemplo en la Figura 2.7 de la tubería definida.

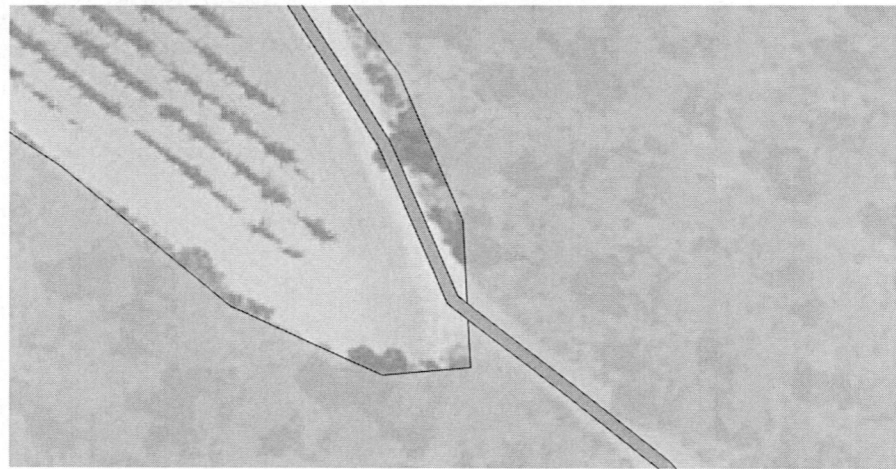

Figura 2.7: Tubería definida en buffer.

Ahora, con esta área definida, es momento de calcular el área de zanja que cae sobre terrenos forestales. Para ello, se accede *Caja de herramientas > Análisis de vector > Análisis de superposición* donde se abre una ventana como la mostrada en la Figura 2.8.

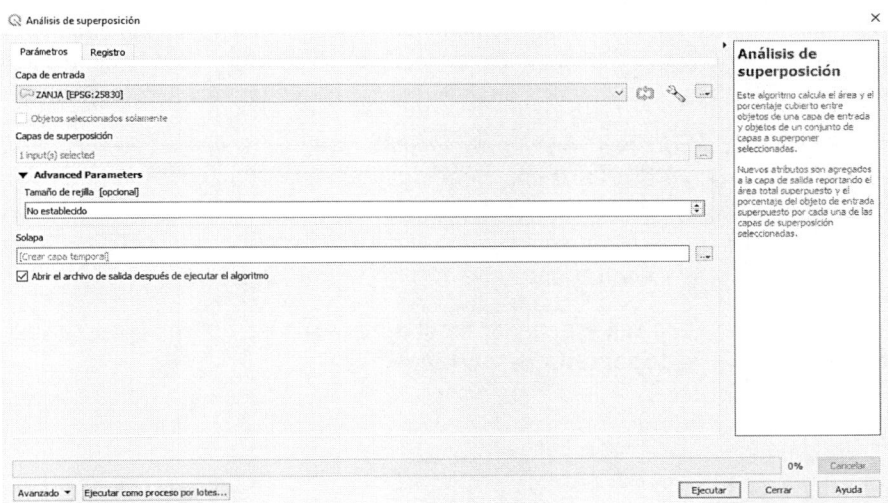

Figura 2.8: Ventana de análisis de superposición.

En la capa de entrada se debe poner la capa sobre la que queremos conocer el área de superposición, en este caso, la zanja de la tubería. Después, en capas de superposición se ponen todas aquellas capas sobre las que se dese conocer el área superpuestas, en este caso, la capa de terrenos forestales. El resultado es una nueva capa, llamada "solapa" donde en su tabla de atributos se reflejan las áreas de superposición tal y como se muestra a continuación.

En este caso, la zanja completa tiene un área de 2,243 m^2 mientras que el área solapada que ha calculado el algoritmo es de 1,062.6 m^2.

2.5   Análisis del terreno raster. Mapa de Sombras.

En QGIS, el "Mapa de sombras" es una herramienta que permite visualizar las sombras proyectadas por la topografía del terreno en un área determinada, en función de la posición del sol en un momento específico del día. Esta función es útil para analizar la iluminación del terreno y entender cómo las sombras afectan a diferentes elementos geográficos, como edificios, árboles, etc. Una de las aplicaciones más actuales que tiene está función es, mediante la topografía del terreno, conocer las sombras que se van a proyectar en cierta zona y evaluar el sombreado de instalaciones fotovoltaicas. A nivel de proyecto, es posible conocer las zonas en las que se van a proyectar sombras con el fin de no ubicar en las mismas los módulos fotovoltaicos. Esta función se encuentra dentro de la caja de herramientas en el apartado *Análisis del terreno raster* y recibe el nombre de *Mapa de sombras (Hillshade)*.

Ejemplo de aplicación N3: *Se desea ejecutar una nueva instalación fotovoltaica en una parcela agrícola en el término municipal de Pedralba (València). El objetivo es conocer la parte aprovechable de la parcela en la que no se producen sombras dada la topografía del terreno, en ningún momento del año a las 9:00 de la mañana. Se dispone del Modelo Digital del Terreno (MDT) de la zona.*

En primer lugar, se debe tener definido en una capa *shp* de tipo polígono, la parcela objeto de estudio y la topografía del terreno.

2.6   Análisis ráster: Estadísticas de zona.

El algoritmo de "Estadísticas de Zona" en QGIS es una herramienta poderosa para analizar datos espaciales y realizar cálculos estadísticos sobre áreas específicas en un mapa. Este algoritmo te permite seleccionar la capa de datos que contiene la información sobre la cual deseas realizar el análisis estadístico por zonas. Esta capa podría ser, por ejemplo, una capa de polígonos que representan áreas geográficas como municipios o parcelas. Es posible elegir qué estadísticas deseas calcular para cada zona. Las opciones comunes incluyen la media (promedio), la mediana, la desviación estándar, el mínimo, el máximo, y la suma de los valores en cada zona. Una vez que se ejecuta el algoritmo, se genera una nueva capa de datos que contiene las estadísticas calculadas para cada zona. Esta capa puede ser visualizada en el mapa y también puede ser utilizada para análisis posteriores.

Ejemplo de aplicación N4: *Se dispone de una serie de parcelas que forman una finca de cítricos en el término municipal de Pedralba (València). Para su transformación a riego, se desea conocer cuáles podrían regarse directamente por gravedad sin requerimientos de bombeo. Para ello, la cota media de cada parcela debe inferior a 200 metros sobre el nivel del mar (m.s.n.m.)*

En primer lugar, se debe insertar la capa *shp* de tipo polígono con las parcelas correspondientes a la superficie objeto de estudio. Para ello, se pulsa en *Capa > Añadir capa > Añadir capa vectorial*. Se puede ver el ejemplo en la Figura 2.9.

Figura 2.9: Parcelas de ejemplo de aplicación de estadísticas de zona.

Ahora, con la capa de polígonos insertada buscamos en la Caja de herramientas ✳ y en el apartado de *Análisis raster* buscamos el algoritmo *Estadísticas de zona* donde se abre una ventana como la que se muestra en la Figura 2.10.

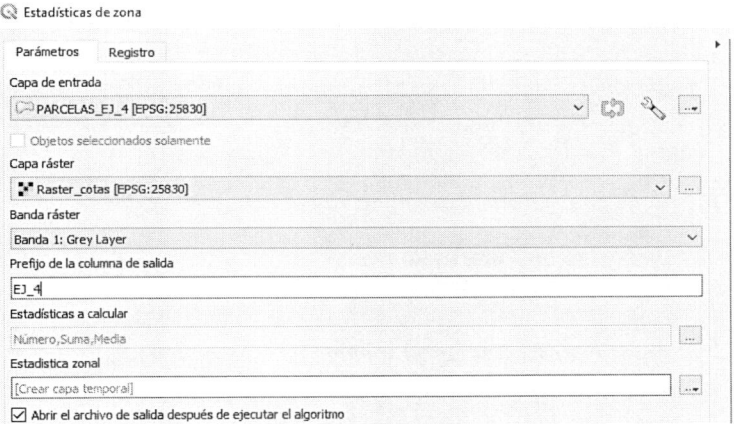

Figura 2.10: Ventana Estadísticas de zona.

Como *Capa de entrada* se debe ingresar la capa de tipo polígono que contiene las parcelas objeto de estudio. En el apartado de *Capa ráster* se debe seleccionar el ráster que contiene el modelo digital del terreno desde el cual obtener las cotas. En *Banda ráster* se selecciona la banda del raster que contiene las cotas, en este caso, solamente contiene una banda. Por último, se puede incluir un prefijo para diferenciar las columnas nuevas que se van a crear con la información estadística. En el apartado *Estadísticas a calcular* se seleccionan los parámetros estadísticos que se desea estudiar. Pinchando en ⬚ se abre una ventana como la siguiente Figura 2.11.

Figura 2.11: Ventana Estadísticas de zona: Estadísticas a calcular

En este caso, es de interés conocer la cota media, la máxima y la mínima de cada parcela. Tras ello, se pulsa en *Ejecutar*. El algoritmo crea una nueva capa temporal donde, en su tabla de atributos 🔳 se pueden observar las nuevas columnas creadas que se han añadido a la información que ya contenía la capa. Se obtienen las cotas medias, mínimas y máximas de cada una de las parcelas regables.

EJ_4mean	EJ_4min	EJ_4max
203,1030454907...	200,1000061035...	207,0200042724...
207,6974934492...	203,8399963378...	210,8800048828...
202,0571556222...	201,1799926757...	203,0200042724...
197,9305941292...	192,6699981689...	202,2400054931...
198,9832632222...	193,1399993896...	207,6799926757...
214,9075212330...	211,4100036621...	218,1699981689...

Figura 2.12: Ejemplo de Tabla de la ventana Estadísticas de zona.

Ahora, para ponerle solución al problema, se puede cambiar la simbología y hacerla tipo *graduada* donde se crean dos secciones: cotas superiores e inferiores a 200 msnm. Para ello, sobre la capa creada si hacer *click derecho > propiedades > simbología > graduado* y se crean los intervalos deseados.

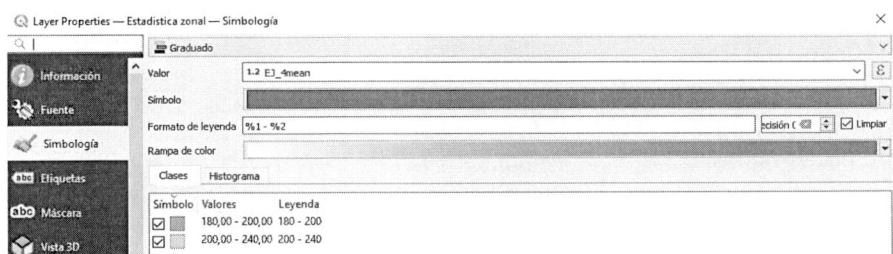

Figura 2.13: Opciones de graduado.

Con los polígonos graduados tal y como se deseé, es momento de observar el resultado en el lienzo y ver que parcelas podrán regar directamente sin requerimientos de bombeo, al tener suficiente cota.

Figura 2.14: Distribución de parcelas con cotas superiores.

En la Figura 2.14 se puede ver el resultado claramente, las parcelas situadas más al norte tienen cotas superiores, por lo que no tendrán cota suficiente para regar sin bombeo. En cambio, las parcelas situadas al sur, al estar a cotas inferiores si podrán hacerlo. Con las estadísticas de zona, conseguimos obtener parámetros estadísticos rápidos del terreno y, con ellos y combinando con diferentes simbologías, obtener documentos gráficos de gran utilidad para clasificar diferentes zonas.

2.7 Análisis ráster: Volumen de la Superficie Ráster.

El "Volumen de la Superficie Raster" en QGIS es una herramienta que te permite calcular el volumen o la cantidad de material por encima o por debajo de una superficie de referencia en un modelo de elevación digital (DEM) ráster. Esta herramienta es útil en diversas aplicaciones, como la geomorfología, la ingeniería civil, la hidrología y la gestión de recursos naturales. La principal función de esta herramienta es calcular el volumen entre dos superficies ráster. Por ejemplo, se puede calcular el volumen de tierra removido durante una excavación comparando un DEM antes y después de la excavación o usarla para analizar cambios en la superficie de la tierra, como erosión, deposición o movimiento de tierras, al comparar diferentes modelos de elevación digital en diferentes momentos.

Ejemplo de aplicación N5: Se dispone del Modelo Digital del Terreno (MDT) de una balsa de riego en el término municipal de Villena (Alicante). Este MDT tiene un tamaño de pixel de 2.0 m y una precisión de 0,01 m. Se desea conocer tanto el volumen total de la balsa, a cota de coronación, como el volumen útil a la cota del aliviadero. La cota de coronación es 645 msnm y la cota del aliviadero es 644 msmn.

En primer lugar, se debe generar una capa de tipo polígono con el contorno de la balsa siendo sus límites el perímetro superior. Con esta capa, podremos recortar el MDT de todo el terreno y tener solo el correspondiente a la topografía de la balsa (ver Figura 2.15).

Figura 2.15: Definición del polígono de la balsa para el ejemplo de MDT.

Tras ello, se recorta el ráster de la balsa mediante *Ráster > Extracción > Cortar ráster por capa de máscara*. En la ejecución seleccionamos como capa de máscara el polígono que representa la balsa y como capa de entrada el MDT del que se disponga. Se seleccionan los sistemas de refencia de entrada y salida, en este caso ETRS89-30N. El resultado se muestra en la Figura 2.16.

Figura 2.16: Recorte del ráster de la balsa para el ejemplo de MDT.

Con el ráster en el panel de capas, es momento de utilizar la herramienta para el cálculo del volumen de la balsa. Se pulsa en la caja de herramientas ✳ seguido de *Análisis ráster > Volumen de la superficie ráster* donde se abre una ventana como la Figura 2.17.

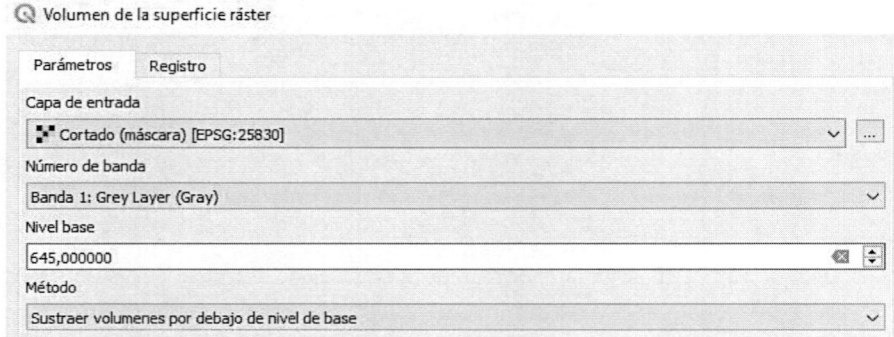

Figura 2.17: Volumen de la superficie ráster.

En la *Capa de entrada* se selecciona el ráster con la topografía de la balsa, seleccionando la banda a utilizar. En *Nivel base* se indica el nivel de referencia y en método, en este caso, *Sustraer volúmenes por debajo del nivel de la base*. Finalmente, tras ejecutar el algoritmo devuelve un volumen de 23,759,071 m^3 y una superficie de 114.75 ha. Si se ejecuta de nuevo para conocer el volumen útil con una cota del aliviadero de 644 msnm, se obtiene un volumen de 22,611,491 m^3 y una superficie estudiada, idéntica a la anterior, de 114.75 m^2.

2.8   Creación de vectores: Puntos a ruta.

La herramienta "Puntos a Ruta" en QGIS es una herramienta útil para crear líneas o rutas a partir de una serie de puntos en un orden específico. Esto puede ser útil en diversas situaciones, como trazar caminos, rutas de viaje, o simplemente conectar una serie de ubicaciones en un orden determinado.

Primero, se requiere tener una capa de puntos en tu proyecto de QGIS. Estos puntos deben tener un atributo que los ordene en el orden en el que deseas que se tracen las rutas. Por ejemplo, podrían ser puntos de control numerados o fechas que indiquen el orden en el que deben conectarse. Para hacer esto, ve al menú *Vectorial > Herramientas de gestión de datos > Puntos a ruta*. Se abre una ventana donde se puede seleccionar la capa de puntos de entrada, el campo que contiene el orden de los puntos y la capa de salida para la ruta.

Ejemplo de aplicación N6: *Se dispone del levantamiento topográfico del trazado de una conducción. El mismo está compuesto por 27puntos que parten desde la balsa origen y llegan a un pequeño cabezal de riego. Se desea obtener el trazado de la conducción y su longitud.*

En primer lugar, se debe insertar la capa de puntos con el levantamiento topográfico, donde los puntos deben tener un código en el orden en el cual se han tomado. Para ello, se pulsa en *Capa > Añadir capa > Añadir capa vectorial*.

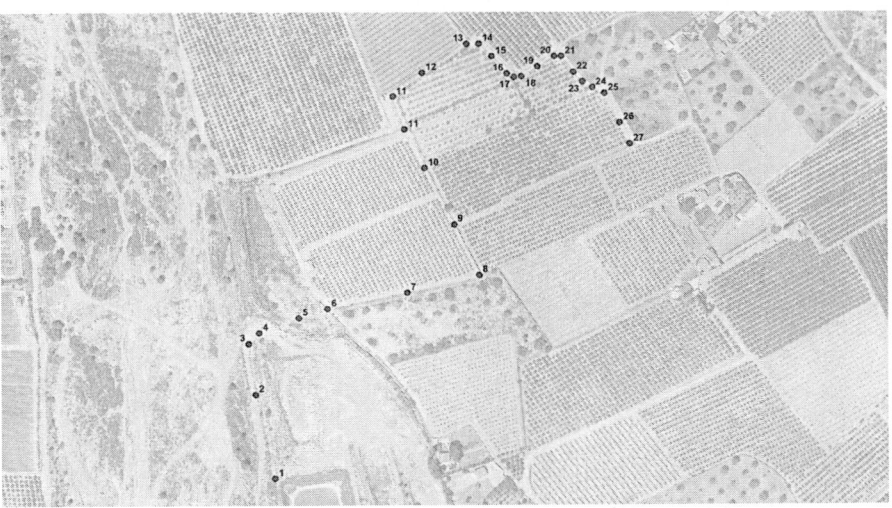

Figura 2.18: Capa de puntos para el ejemplo N6.

Tras ello, desde la caja de herramientas ✳, entrando en el apartado *Creación de vectores*, se pulsa sobre el algoritmo llamado *Puntos a ruta* donde se abre la siguiente ventana.

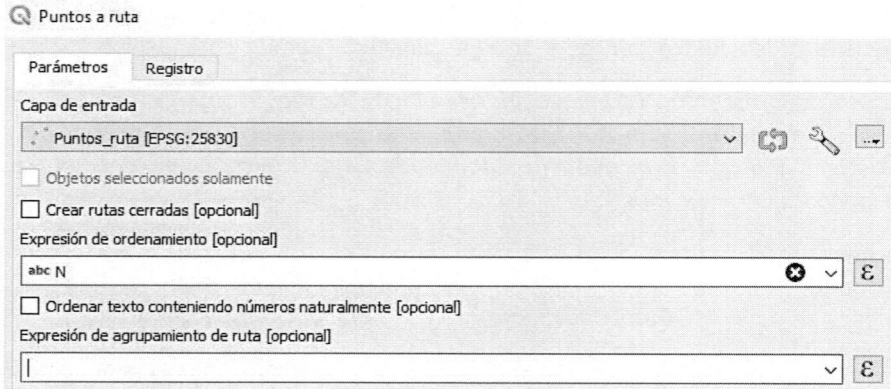

Figura 2.19: Ventana de Puntos a ruta.

En el apartado de *Capa de entrada* se introduce la capa de puntos con el levanta-miento topográfico de la conducción. En el apartado *Expresión de ordenamiento* se debe indicar el campo en el que se encuentra el ID único de cada punto con el orden que ha seguido el levantamiento. Tras ello, se pulsa en *Ejecutar*. El resultado es una capa de tipo línea (temporal) la cual ha sido creada a partir de la unión de todos los puntos siendo estos los vértices de la línea.

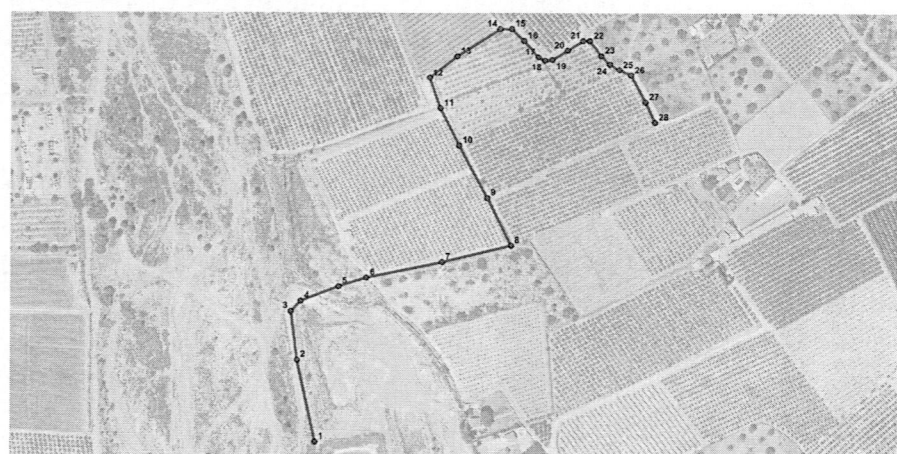

Figura 2.20: Resultado de capa tipo línea mediante Puntos a ruta.

Ahora, para poder conocer su longitud geométrica, se hace click en el botón *Identificar objetos espaciales* donde se abre un nuevo panel en el lado derecho de la pantalla. En él se pueden consultar diferentes parámetros geométricos como la longitud, el número de vértices, coordenadas, etc. El resultado para este caso concreto es de 957.1 m.

En el caso de que el levantamiento topográfico sea un itinerario cerrado, como por ejemplo puede ser el perímetro de una parcela agrícola, antes de dar a ejecutar se debe pulsar sobre la opción *Crear rutas cerradas*. De este modo, el algoritmo unirá el último punto con el primero dando finalmente un itinerario cerrado y pudiendo obtener el perímetro.

2.9   Interpolación: Interpolación IDW.

Ejemplo N7: *Se dispone de los datos de pluviometría del mes de abril de diferentes estaciones climáticas. Se desea conocer, mediante interpolación, la pluviometría promedio en una parcela agrícola situada en el T.M. de Bétera (València). Las estaciones de las que se dispone y sus datos son los dados en la Tabla 2.1.*

Tabla 2.1: Datos de pluviometría del mes de abril para ejemplo N7.

Puntos	Pluviometría (mm)	UTM X (m)	UTM Y (m)
E1	35.2	710,993	4,387,988
E2	41.6	714,041	4,393,145
E3	27.5	711,755	4,379,327
E4	31.2	721,026	4,384,128
E5	33.9	717,724	4,389,055
E6	36.6	723,363	4,389,081
Parcela	¿?	715,993	4,387,822

En primer lugar, se debe disponer de una capa vectorial de tipo punto donde se inserten los datos referentes a la pluviometría recogida en cada una de las estaciones. Si se desea crear dicha capa se procede como *Capa > Crear Capa > Nueva capa de archivo shape*. Tras ello, se ubican las estaciones en las coordenadas indicadas mediante ⁚▫. Ahora, en la tabla de atributos ▦ se debe añadir un nuevo campo que contenga la información de pluviometría. Para ello se pulsa, dentro de la tabla de atributos en *Añadir nuevo campo* 🗎 y se introduce el valor de pluviometría de cada estación. Tras ello, ya es posible visualizarlos en pantalla junto con la parcela estudiar como se muestra en la Figura 2.21.

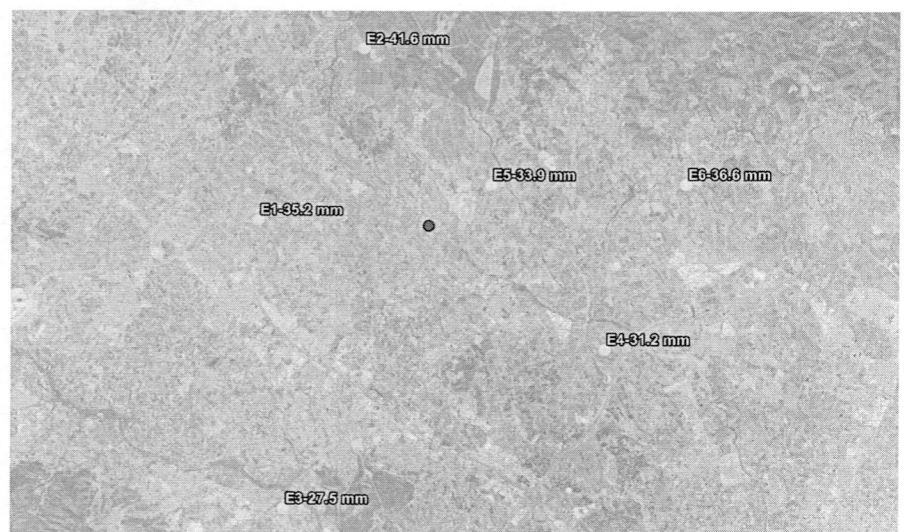

Figura 2.21: Visualización de los datos de la información de pluviometría.

Ahora, con las estaciones ubicadas en el lienzo, es el momento de interpolar los valores de pluviometría y obtener el mapa de calor. Para ello, se pulsa en la *Caja de herramientas* ✳ > *Interpolación* > *Mapa de calor* donde se abre la siguiente ventana. El valor de *P* se deja el predeterminado 2.

Como capa vectorial de entrada se utiliza la capa de puntos con las estaciones climatológicas y el atributo a interpolar será el campo de pluviometría. Tras ello, se pulsa en ⊞ para asignar dichos valores.

La extensión será, en este caso, el recuadro que se marque que englobe a las seis estaciones climatológicas pulsando en 🔲. Es importante, para el tiempo del proceso de ejecución, no dar un tamaño de pixel muy pequeño. Se recomienda que el mínimo sea de 1.0 m. Tras ello, se pulsa en ejecutar para obtener el raster interpolado.

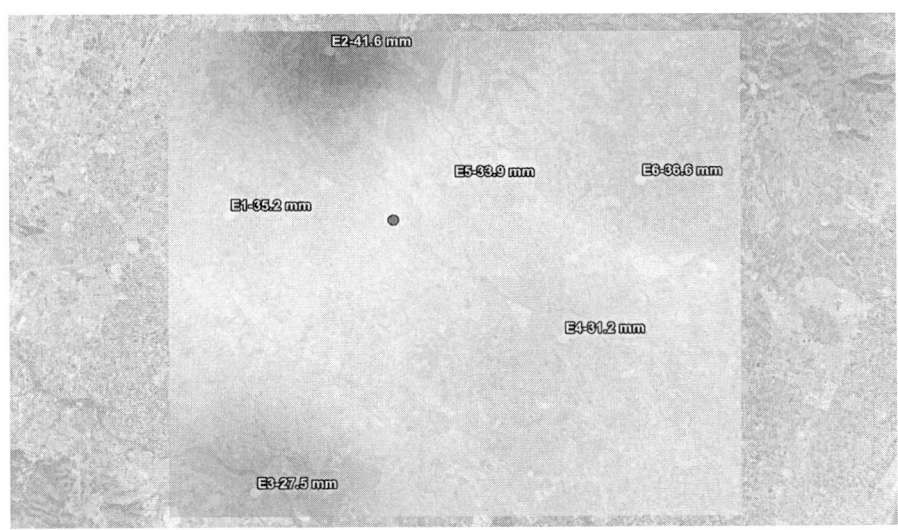

Figura 2.22: Visualización de los valores con la rampa de color.

Para poder obtener los valores con rampa de color como se muestra en la imagen, solamente se ha de acceder a las opciones de la capa y en *Simbología* elegir el tipo de renderizado denominado *Pseudocolor monobanda* donde se muestran diferentes rampas de colores. Ahora que se tiene una capa de píxeles con los valores interpolados entre estaciones, es posible conocer los valores desconocidos como lo es el valor de pluviometría en la parcela objeto de estudio. Para ello, se pulsa en donde se obtiene un valor de pluviometría de 34.6 mm.

Puesto que se trata de un mapa raster, también es posible obtener las isoyetas. Para ello, se pulsa en *Raster > Extracción > Curvas de nivel* y, con un intervalo de 1, se obtiene una capa de líneas con valores de 1 mm de precipitación.

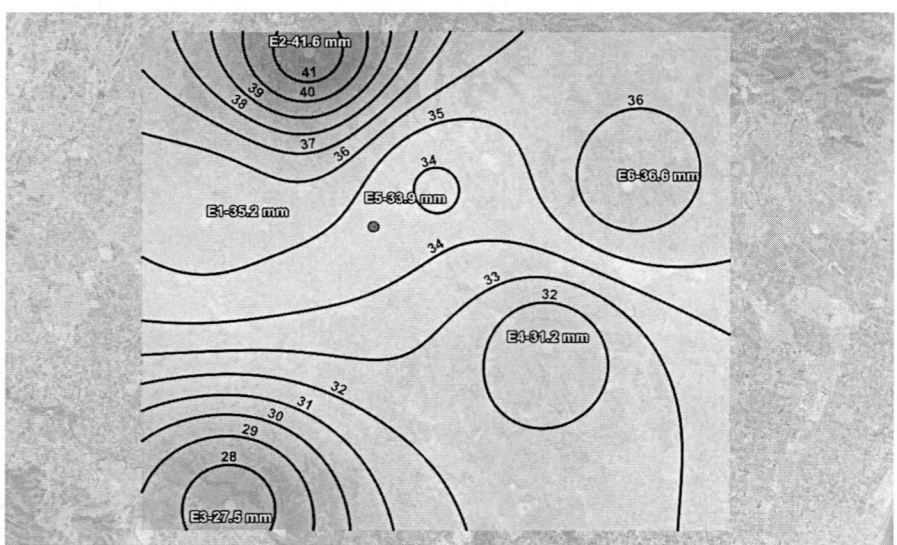

Figura 2.23: Visualización de los valores mediantes isoyetas.

Como se puede observar en la Figura 2.23, la parcela objeto de estudio se queda ubicada entre las isoyetas de 34 mm y 35 mm por lo que el valor obtenido anteriormente de 34.6 mm es coherente.

2.10 Interpolación: Mapa de calor.

El mapa de calor en QGIS es una herramienta muy útil para visualizar la densidad o intensidad de ciertos fenómenos dentro de un área geográfica. Funciona representando los datos como colores en un mapa, donde los tonos más intensos indican una mayor concentración de lo que estás midiendo. Pueden crearse análisis de densidad de población. Se crea un mapa de calor para representar la densidad de población en una región. Los colores más oscuros indicarán áreas con mayor densidad de población, mientras que los colores más claros indicarán áreas con menor densidad.

El algoritmo del mapa de calor en QGIS utiliza una técnica llamada "interpolación de kernel" para generar la representación visual de la densidad o intensidad de los datos en un mapa. El algoritmo comienza con un conjunto de puntos de datos que representan la ubicación y la intensidad de un fenómeno en un área geográfica determinada. Después, utiliza un "kernel", que es una función matemática que

26

asigna pesos a los puntos de datos circundantes en función de su distancia al punto en el que se está evaluando la densidad. Los puntos más cercanos al punto en cuestión tienen más peso que los puntos más alejados. El algoritmo interpola la intensidad del fenómeno en cada punto del mapa utilizando los pesos asignados por el kernel. Esto significa que cada punto del mapa tendrá un valor calculado en función de la intensidad de los puntos de datos cercanos. Una vez que se han interpolado los valores para todos los puntos del mapa, se utiliza una escala de colores para representar estos valores. Los valores más altos se representan con colores más oscuros, mientras que los valores más bajos se representan con colores más claros. Esto crea el efecto visual de un mapa de calor, donde las áreas más densas o intensas se muestran con colores más intensos.

Ejemplo N8: *En una parcela agrícola se han detectado un total de 49 árboles frutales muertos. Se dispone de la ubicación de los mismos sobre la planta de la finca. La finca lleva a cabo el riego en dos sectores bien diferenciados. Se dispone de los datos de 4 sondas de humedad, dos en cada sector. Se pide estudiar las posibles causas de la muerte de estos árboles.*

Para llevar a cabo el estudio, se dispone de la ubicación geográfica de los árboles muertos, de las sondas de humedad y su medida y los sectores tal y como se observa en la siguiente imagen:

Figura 2.24: Ejemplo de la parcela con los sensores de humedad y los árboles muertos.

Para determinar la densidad de árboles muertos, se recurre a la herramienta del *Mapa de calor*. La misma se encuentra en la caja de herramientas ✳ accediendo a *Interpolación > Mapa de calor*, donde se abre la siguiente ventana:

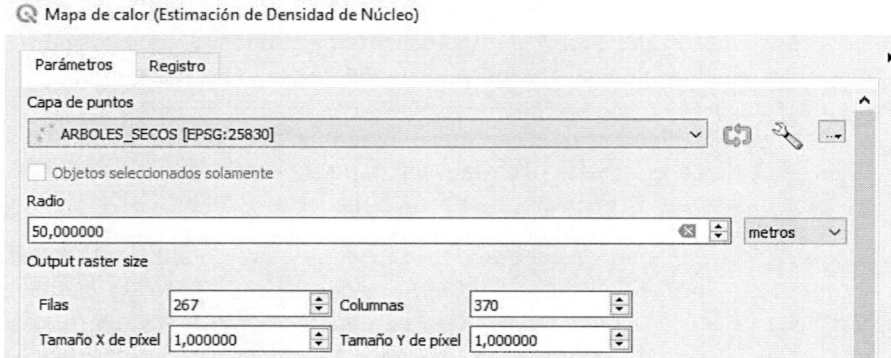

Figura 2.25: Ventana de configuración de mapa de calor.

En primer lugar, se selecciona la capa de puntos que contiene los árboles secos con su ubicación. Tras ello, se debe definir el parámetro de *Radio*. En este caso, valores pequeños dan mejores precisiones que valores más altos. En este caso se selecciona 50 m de área de influencia para cada árbol. Por último, se selecciona el tamaño de píxel donde valores inferiores a 1.0 m darán como resultado archivos raster muy pesados y complejos de manejar que no llevan a mejores soluciones. Tras estos pasos se obtiene el raster de mapa de calor.

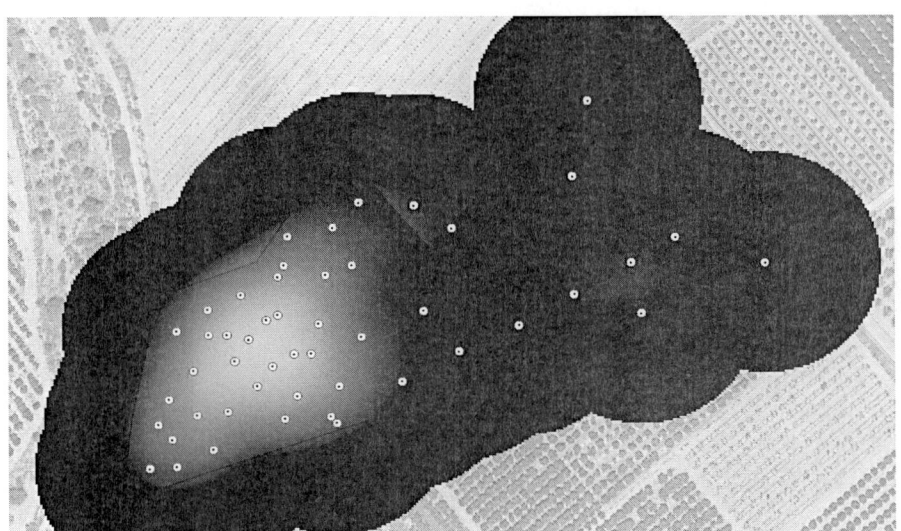

Figura 2.26: Raster de mapa de calor.

Como se puede observar en la Figura 2.26, las zonas más oscuras implican valores bajos de densidad mientras que las zonas más blancas se traducen en las zonas donde más árboles secos hay. Es posible cambiar la rampa de colores, por ejemplo, poniendo las zonas con mayor densidad en rojo y las que menos en azul. Para ello, se accede a las *Propiedades* de la capa y en *Simbología* se selecciona la opción *Pseudocolor monobanda* y se elige la rampa de colores deseada. Por otro lado, en el apartado *Transparencia* se puede reducir la misma para poder observar, junto al mapa de calor, la ortofoto.

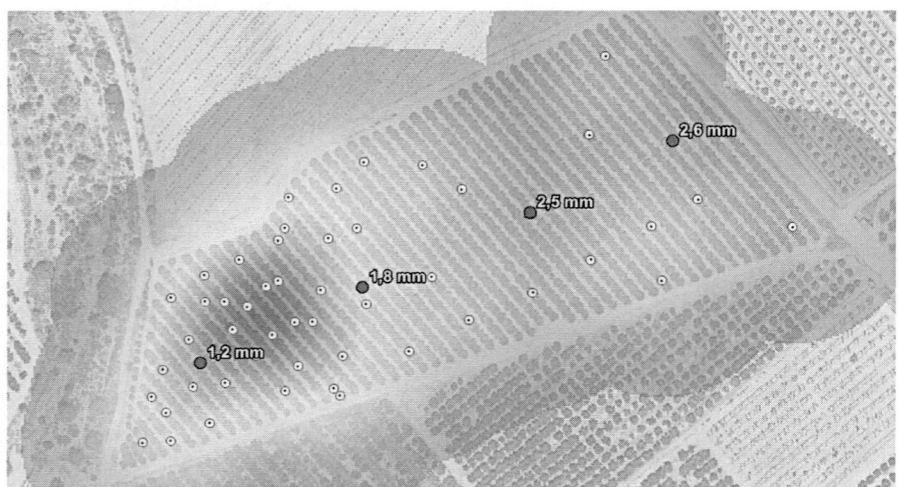

Figura 2.27: Mejora de la imágen raster de mapa de calor.

Se puede ver que la zona más roja es donde se haya el mayor número de árboles secos. Además, esta zona roja coincide con los valores de humedad del suelo más bajos, por lo que se podría concluir que estás zonas no se están regando adecuadamente y la falta de agua es la causa de la muerte de estos árboles.

2.11   Selección vectorial: Selección por expresión y por localización.

Los algoritmos de selección vectorial disponibles en QGIS ofrecen varias propiedades que los hacen útiles en diversas aplicaciones. Los algoritmos están diseñados para manejar grandes conjuntos de datos de forma eficiente, lo que los hace ideales para procesar grandes conjuntos de datos espaciales. Pueden aplicarse a una amplia gama de tipos de datos vectoriales, incluidos puntos, líneas y polígonos. Esto proporciona flexibilidad en la selección y manipulación de datos geoespaciales. permiten realizar consultas avanzadas basadas en atributos, ubicación espacial y relaciones topológicas entre entidades.

En este apartado se va a explicar dos de los algoritmos más utilizados de esta parte de la caja de herramientas de geoprocesos. Estos son la *Selección por expresión* y *Selección por localización*.

30

Ejemplo N9: *La superficie regable de una Comunidad de Regantes está compuesta por 2106 parcelas y una superficie total de 949.85 ha. Esta superficie está organizada en seis zonas (cabezales de riego) bien diferenciadas por cotas para llevar a cabo el riego localizado tal. Se desea conocer la superficie de la parcela más grande de cada una de las seis zonas de riego. Para ello, se dispone de la capa de la superficie regable donde en su tabla de atributos existe un campo donde se diferencia la zona de riego (CABEZAL) y otro con su superficie en m^2 (AREA).*

En primer lugar, se inserta la capa de polígonos con la totalidad de las parcelas mediante *Capa > Añadir capa > Añadir capa vectorial*. Si la simbología de esta capa se clasifica por atributos seleccionando las diferentes zonas de riego, se puede ver del siguiente modo:

Figura 2.28: Parcelas de regantes para el ejemplo N9.

Ahora, se desea que QGIS seleccione de forma automática la parcela más grande de cada grupo de parcelas. Para que lo haga de forma automática y no se tenga que buscar cada una de ellas en la tabla de atributos, se procede utilizando los algoritmos de la caja de herramientas ✳ . En concreto, en este caso, se va a utilizar el algoritmo perteneciente al grupo *Selección vectorial* denominado *Selección por expresión*. Si se pulsa sobre él se abre la siguiente ventana.

31

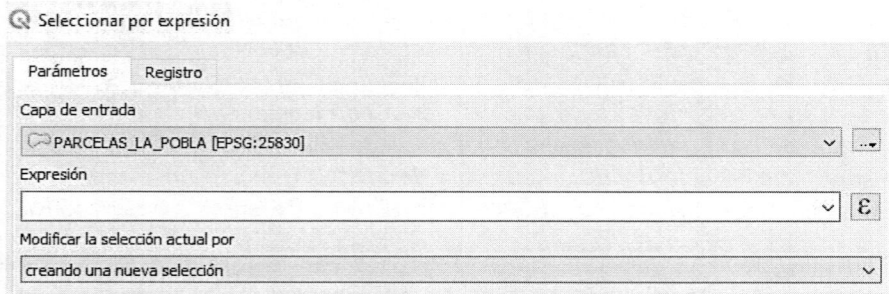

Figura 2.29: Ventana de selección por expresión.

En *Capa de entrada* se debe seleccionar la capa que contiene los polígonos sobre los que se desea crear la nueva selección. Después, se debe introducir la expresión para realizar el filtro con los atributos que se desea, para ello se pulsa en ε donde se abre la siguiente ventana donde introducir la expresión. En este caso en concreto, la expresión debe filtrar por el campo "CABEZAL" que es el que indica la zona de riego y después hacer referencia a que busque la parcela de mayor "AREA", para ello, se utiliza la siguiente expresión:

```
"AREA" = maximum("AREA", group_by:="CABEZAL")
```

Con esta expresión se le indica que dentro del campo AREA busque el valor máximo y que seleccione el máximo de cada grupo en el campo "CABEZAL".

Figura 2.30: Ventana de escritura de código por expresión.

Tras ello, se pulsa en ejecutar y se muestran las parcelas seleccionadas sobre la capa.

Figura 2.31: Visualización de la solución aplicado el algoritmo.

Se puede observar en la Figura 2.31 en amarillo, como el algoritmo ha seleccionado una parcela, en este caso la de mayor área, en cada uno de los grupos. Esta herramienta facilita la localización cuando existe un gran número de elementos y se desea ser preciso.

2.12 Selección vectorial: Selección distancia adentro.

En este punto se explica un nuevo algoritmo de la caja de herramientas disponible desde la versión QGIS 3.34. Este algoritmo pertenece al grupo de selección vectorial como el anterior. Nuevamente, se muestra un algoritmo que permite localizar objetos de forma rápida y precisa en sencillos pasos. En este caso su función es localiza objetos desde un punto de referencia que se sitúan en un radio determinado. Para la mejor compresión del mismo se muestra el ejemplo siguiente:

Ejemplo N10: en el municipio de Sinarcas, de la comarca de Útiel - Requena, se desea instalar una nueva granja de aves ponedoras. Para ello, se deben de cumplir unas distancias mínimas al núcleo urbano y núcleos diseminados de 500 m para evitar problemas de olores y ruidos en la población. Se ha de determinar la franja de parcela a partir de la cual estaría permitida su instalación.

En primer lugar, se debe descargar la cartografía oficial del catastro del municipio mencionado. Para ello, se puede hacer uso del plugin *Spanish Inspire Catastral Downloader*. Si no se tiene instalado el mismo, se debe proceder yendo a *Comple-*

33

mentos > Administrar e instalar complementos > Todos y escribir el nombre del plugin. Tras ello se pulsa en instalar y aparece en el panel principal el símbolo del plugin ⬛.

Entrando en el plugin, se debe buscar el municipio deseado, asignarle una carpeta donde se guarden los archivos que se van a generar y pulsar en descargar. Tras ello, se obtiene el siguiente resultado:

Figura 2.32: Visualización de las parcelas catastrales del municipio para el ejemplo N10.

Como se puede observar, únicamente se descargan las parcelas catastrales pertenecientes al municipio seleccionado. Si acercamos con zoom, se puede observar la situación del núcleo urbano del municipio del cual se sabe que la nueva instalación debe estar, al menos, a 500 m. Para tener localizado el núcleo urbano, se genera una nueva capa de tipo polígono que cubre toda la superficie del mismo.

Figura 2.33: Generación de capa tipo polígono sobre el catastro.

Ahora, para poder seleccionar todas aquellas parcelas que se sitúan a más de 500 m del polígono de referencia del núcleo urbano, se debe ir a la caja de herramientas ✳ y dentro del apartado *Selección vectorial* se toma el algoritmo *Seleccionar distancia a dentro*.

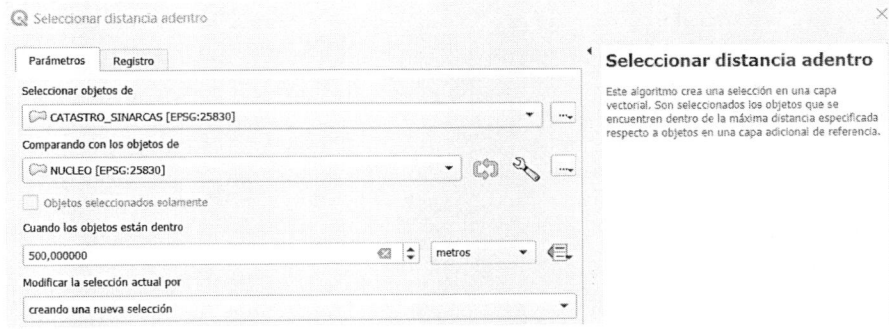

Figura 2.34: Ventana de configuración de selección de distancia adentro.

En el primer desplegable se debe seleccionar la capa con la totalidad del parcelario, mientras que en *Comparando con los objetos* de se selecciona la capa con el polígono que contiene al núcleo urbano. En el apartado de *Cuando los objetos están dentro* se debe poner la distancia a la que se requiere hacer la selección. Tras ello, se pulsa en ejecutar.

35

Figura 2.35: Resultado de selección de parcelas al menos a 500 m del polígono.

En la Figura 2.35 se ve el resultado de las parcelas seleccionadas que están, al menos, a 500 m del polígono del núcleo urbano. Con esto no se tiene el problema solucionado, pues se requería conocer justo lo contrario, la selección de aquellas donde si podría instalarse la granja. Puesto que se trata de un número elevado de elementos, para hacerlo de forma automática se utiliza la opción de *Invertir selección* ⬛ donde tras pulsar se obtiene el resultado de la Figura 2.36).

Figura 2.36: Resultado de selección de parcelas a más de 500 m del polígono.

El resultado ahora sí es el deseado, pues el mapa muestra exactamente los objetos que están a más de 500 m del polígono que forma el núcleo urbano.

2.13   Vector general: Unir atributos por proximidad.

Nuevamente se presenta uno de los nuevos algoritmos que ha incorporado QGIS 3 en sus últimas versiones. Este algoritmo pertenece al grupo de *Vector General* de la caja de herramientas. se utiliza para combinar atributos de dos capas espaciales basándose en la proximidad espacial de sus características. Este algoritmo es especialmente útil en análisis espacial cuando se desea transferir información entre capas que no necesariamente tienen una relación espacial directa (como una intersección), pero están cercanas entre sí. Una de sus aplicaciones puede ser la geocodificación, asignando información de localización como nombres de ciudades o parcelas a puntos que no tienen esa información basándose en la proximidad. En este punto se dispone de un ejemplo para ver la aplicabilidad en el mundo de la ingeniería agronómica.

Ejemplo N11: Se desea llevar a cabo una transformación agrícola en el término municipal de Fuenterrobles (València) para el cultivo de vid. La transformación requiere de ciertas obras con movimiento de tierras y maquinaria pesada. Se conoce que se debe obtener un permiso para este tipo de obras cuando se esté dentro o a menos de 500 m de un terreno forestal. Se pide determinar las parcelas catastrales sobre las que se debe de pedir el mencionado permiso.

En primer lugar, se dispone de la *shape* que incluye las parcelas catastrales sobre las que se desea realizar la transformación. También se dispone de la *shape*, descargada del Instituto Cartográfico Valenciano [3]) de los terrenos forestales de la Comunidad Valenciana. En la siguiente imagen se pueden ver las parcelas a transformar y los terrenos forestales cercanos.

Figura 2.37: Parcelas catastrales del ejemplo N11.

Ahora, para saber que parcelas catastrales están, al menos, a 500 metros de uno o varios terrenos forestales, se procede accediendo a la caja de herramientas ✳ y en el apartado *Vector general* se entra en el algoritmo denominado *Unir atributos por proximidad* donde se abre la siguiente ventana.

---

[3]https://visor.gva.es/visor/

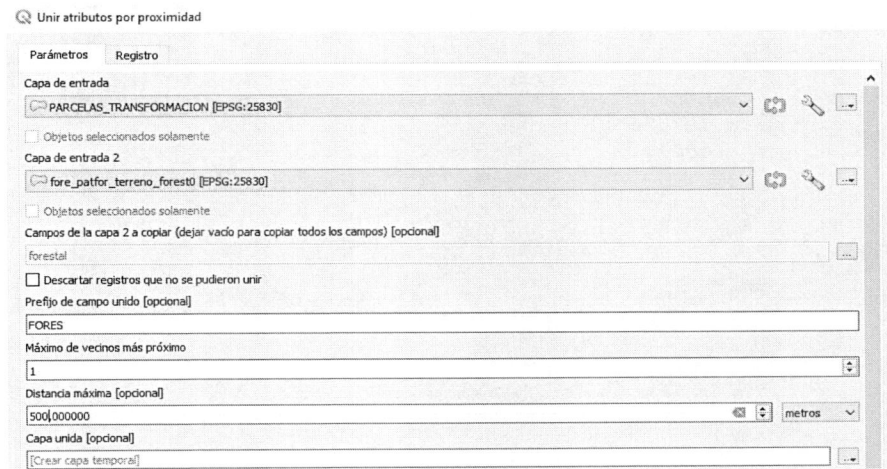

Figura 2.38: Ventana de configuración para unir atributos por proximidad.

En la capa de entrada se debe incorporar la capa sobre la que se desea que se añadan los atributos objetivo. En este caso, las que están a menos de 500 m de un terreno forestal se identificarán con un nuevo atributo denominado "Forestal". La capa de entrada 2 debe ser la que contiene el atributo objetivo. Es posible añadir un prefijo para el campo unido y añadir más de un vecino próximo. Respecto a la distancia, en este caso el valor es de 500 m. Tras ello, se pulsa en ejecutar donde se crea una nueva capa idéntica a la *Capa de entrada*, pero con los nuevos atributos añadidos. Si se clasifica la simbología de la nueva capa por el nuevo atributo creado, es posible diferenciar las parcelas que requerirán permiso por actuar en las cercanías de terreno forestal de las que no. El resultado sería el siguiente:

Figura 2.39: Clasificación de parcela por atributo creado.

Se puede observar como el terreno forestal situado en la zona sur de la imagen está a menos de 500 m de las parcelas cuatro parcelas marcadas en color rojo. Las parcelas marcadas en azul no requerirán de la obtención del permiso. Además, si se consulta la tabla de atributos de la nueva capa, también se han generado atributos correspondientes a la distancia a la que se encuentra el objeto del objetivo.

Capítulo 3

Plugins

En QGIS también existe un repositorio público de plugins creados por desarrollado-res los cuales son completamente gratuitos y utilizables sobre las versiones de QGIS 3. A este repositorio se accede desde el mismo programa a través de *Complementos > Administrar e instalar complementos* donde en la actualidad existen ya más de 1.600 plugins. En este apartado se pretende hacer un resumen de aquellos más utilizados y aplicables a la ingeniería agronómica y forestal y que complementan la formación de este libro con los ejemplos anteriores expuestos en el apartado de Caja de Herramientas (Capítulo 2).

Los plugins permiten a los usuarios adaptar QGIS a sus necesidades específicas, añadiendo herramientas y funcionalidades que faciliten su trabajo. Pueden aña-dir nuevas funciones analíticas, soportar nuevos formatos de datos y mejorar las capacidades de visualización y edición. Se puede automatizar tareas repetitivas y complejas, mejorando la eficiencia y reduciendo el margen de error. Además, facilitan la interoperabilidad con otras plataformas y herramientas ampliando el ecosistema en el que QGIS puede operar.

En este punto se van a explicar algunos de los principales como son:

- Profile tool
- Point Sampling Tool

- Least Cost Path

- QField

3.1 Profile Tool

El plugin "Profile Tool" para QGIS es una herramienta versátil diseñada para la creación de perfiles de elevación a partir de datos topográficos. Esta herramienta permite a los usuarios generar y visualizar perfiles longitudinales de terrenos, analizando la variación de la altitud a lo largo de una línea específica. Es especialmente útil para trabajar con datos de modelos digitales de elevación (DEM), datos LiDAR y otras fuentes de información topográfica. El símbolo con el que se identifica en QGIS es ⌂.

Para utilizarlo se requiere tener el modelo digital del terreno de la zona de estudio en formato raster. Se pueden obtener modelos digitales del terreno de toda España en la web del Centro de Descargas del Centro Nacional de Información Geográfica[1] (CNIG).

Una vez se accede a la aplicación, se abre en la parte inferior de la pantalla un perfil en blanco. En primer lugar, se debe seleccionar en el panel de capas el raster correspondiente al modelo digital del terreno de la zona de estudio para añadirlo como referencia pulsando en *Add Layer*. En la Figura 3.1

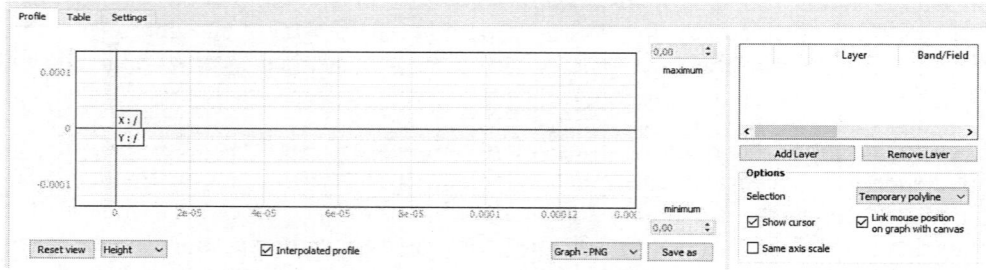

Figura 3.1: Ventana de configuración del plugin Profile Tool.

Tras ello, ya es posible trazar sobre el mapa el trazado en planta sobre el que se desea conocer el perfil longitudinal. Esto se lleva a cabo con el ratón haciendo click en cada punto singular que se quiera hacer en el trazado. En la Figura 3.2

---

[1]https://centrodedescargas.cnig.es/CentroDescargas/index.jsp

se puede observar cómo se va generando el perfil en la parte baja de la pantalla mientas que en el mapa se va guardando la planta general.

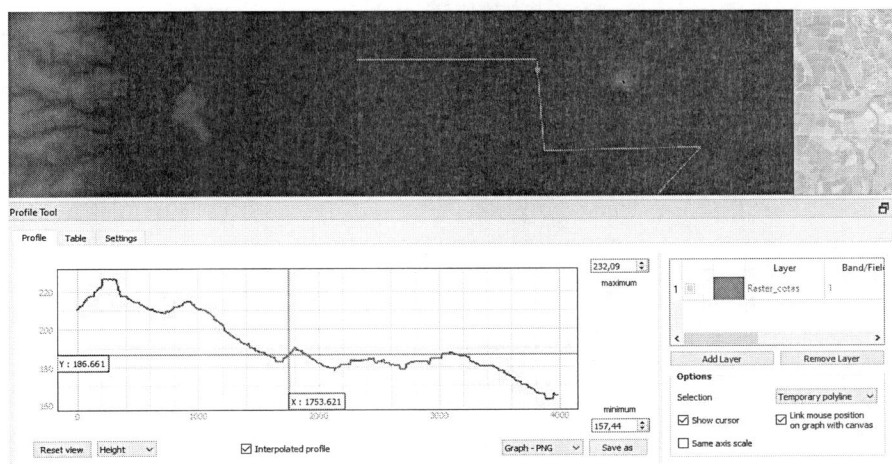

Figura 3.2: Trazado del trazado sobre el mapa en Profile Tool.

En el propio perfil que se genera, se pueden consultar tanto las elevaciones como la distancia desde el origen de cada uno de los puntos generados. También es posible hacer el perfil con una capa de líneas que ya se tenga trazada seleccionado en la parte derecha entre *Temporary line, Selected polyline* o *Selected layer*.

Es posible guardar el gráfico generado en diferentes formatos para su tratamiento fuera de QGIS. Algunos de estos formatos son PDF, PNG, SVG o DXF. Además del dato gráfico del perfil longitudinal es posible obtener la tabla de datos con las intersecciones de cada punto del perfil en el menú de *Table* como se muestra en la Figura 3.3.

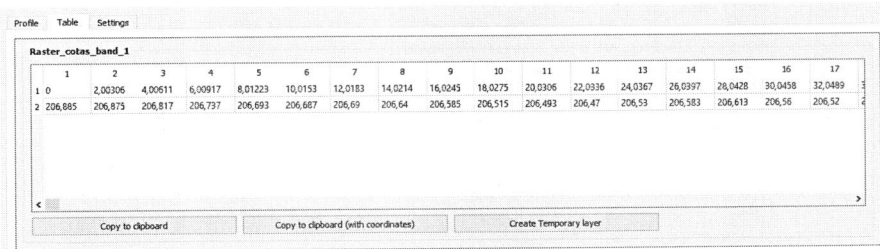

Figura 3.3: Tabla de intersección por punto en Profile Tool.

3.2 Point Sampling Tool

El complemento de la herramienta de muestreo de puntos recopila atributos de polígonos y valores ráster de múltiples capas en puntos de muestreo específicos. Necesita una capa de puntos con ubicaciones de puntos de muestreo y al menos un polígono o una capa ráster desde donde sondear los valores. El complemento crea una nueva capa de puntos con ubicaciones dadas por los puntos de muestreo y atributos tomados de todos los polígonos subyacentes y/o celdas ráster.

Para mostrar su funcionamiento y potencial, se dispone de un ejemplo donde mediante un muestreo de puntos sobre una superficie se desea conocer la elevación sobre el nivel del mar que tiene cada uno de ellos y, saber a qué municipio pertenece disponiendo de la capa de municipios de España. Estas capas pueden descargarse del CNIG[2].

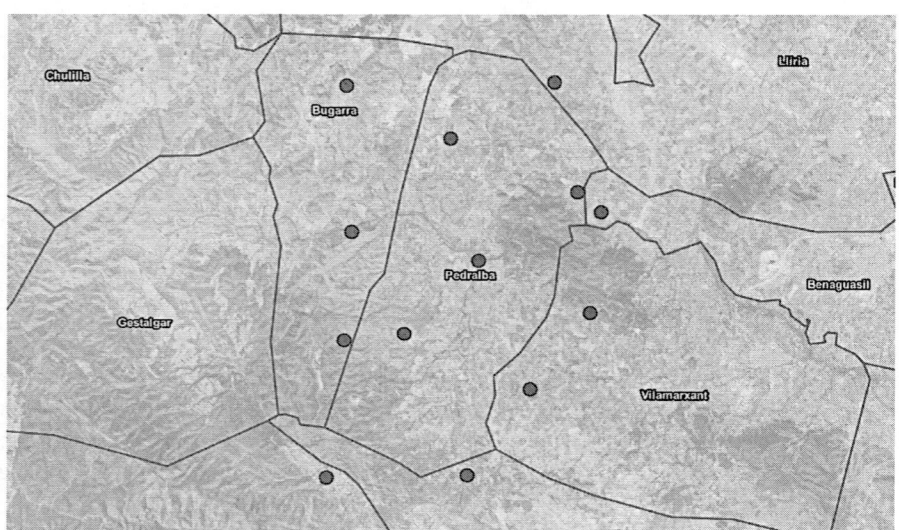

Figura 3.4: Capa de puntos sobre el terreno.

Ahora que se dispone de la capa de puntos sobre el terreno, para poder obtener tanto el valor de la elevación sobre el nivel del mar como el municipio al que pertenecen y que eso quede reflejado en su tabla de atributos, se procede del siguiente modo:

---

[2]https://centrodedescargas.cnig.es/CentroDescargas/index.jsp

En primer lugar, se ejecuta el plugin Point Sampling Tool ▱. Tras ello, se abre la siguiente ventana. Es importante que las capas con las que se desea trabajar este activas en el panel de capas.

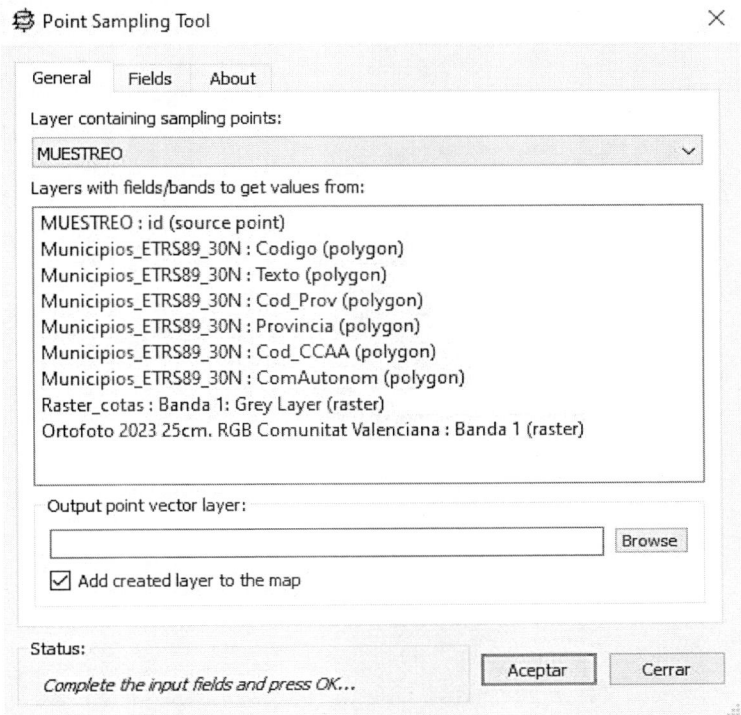

Figura 3.5: Ventana de configuración de Point Sampling Tool.

En el desplegable, tal y como se muestra en la Figura 3.5, se debe seleccionar la capa de muestreo de puntos, sobre la que se van a sobrescribir los nuevos atributos. Tras ello, se seleccionan del panel de atributos disponibles los que deben aparecer en la nueva capa de muestre. En este caso serán *Texto* el cual corresponde con el nombre del municipio y *Raster cotas* para que tome el valor de la elevación. Se debe seleccionar el directorio de la nueva capa a crear con los atributos seleccionados. Esta nueva capa se guarda en formato *GeoPackages (*.gpkg)*. Para que la nueva capa se añada al panel de capas se debe activar ☑ Add created layer to the map . Tras ello, se obtiene el resultado final con la capa y sus atributos.

Ahora, si se consulta su tabla de atributos ⊞ se puede ver en la Figura 3.6 cómo han sido añadidas diferentes columnas con nuevos atributos.

	fid	Texto	Raster_cotas
1	1	Bugarra	339,245
2	2	Bugarra	231,36
3	3	Pedralba	233,03667
4	4	Chiva	410,70999
5	5	Cheste	265,0004
6	6	Vilamarxant	193,13667
7	7	Pedralba	143
8	8	Pedralba	230,70667
9	9	Llíria	228,96698
10	10	Pedralba	160,145
11	11	Benaguasil	137,19446
12	12	Vilamarxant	207,6675
13	13	Bugarra	337,79721

Figura 3.6: Tabla de atributos añadidas como cotas.

Para cada punto, se ha añadido el municipio sobre el que cae y la elevación sobre el nivel del mar del punto. Esta herramienta, además de las ventajas que se han visto con el ejemplo anterior, también tiene unos tiempos de ejecución muy cortos con grandes masas de puntos lo que acelera mucho los procesos de obtención de datos. Cabe destacar que con esta herramienta no es posible tomar datos sobre líneas, solamente es capaz de obtener datos de las capas de tipo polígono y raster.

3.3   Least Cost Path

El plugin "Least Cost Path" [17] de QGIS es una herramienta utilizada en el análisis espacial para determinar las rutas más eficientes en términos de coste entre dos puntos en un paisaje. Este plugin es especialmente útil en disciplinas como la planificación urbana, la gestión de recursos naturales, la biología de la conservación,

46

y la arqueología, donde la comprensión de la accesibilidad y la conectividad espacial es crucial.

En el análisis de rutas óptimas es capaz de calcular el menor coste entre el punto de origen y un punto de destino, considerando los diferentes factores de coste definidos en la superficie de coste. Para utilizarlo, es necesario disponer de una capa raster con los costes de cada punto del terreno. El concepto de coste en este caso puede ser cualquier resistencia al movimiento que se desee analizar. Por ejemplo, se puede disponer de un raster de elevaciones donde el objetivo sea obtener el camino donde menor elevación acumulada se tiene entre dos puntos o, disponer de un raster con la velocidad de las vías y obtener el camino más rápido entre dos puntos.

En este caso, se va a mostrar el ejemplo de obtener la ruta de menor elevación acumulada entre dos puntos. Para ello, se dispone del raster de elevaciones de la zona, una capa con el punto de partida y otra capa con el punto de destino. No es posible tener los dos puntos en la misma capa.

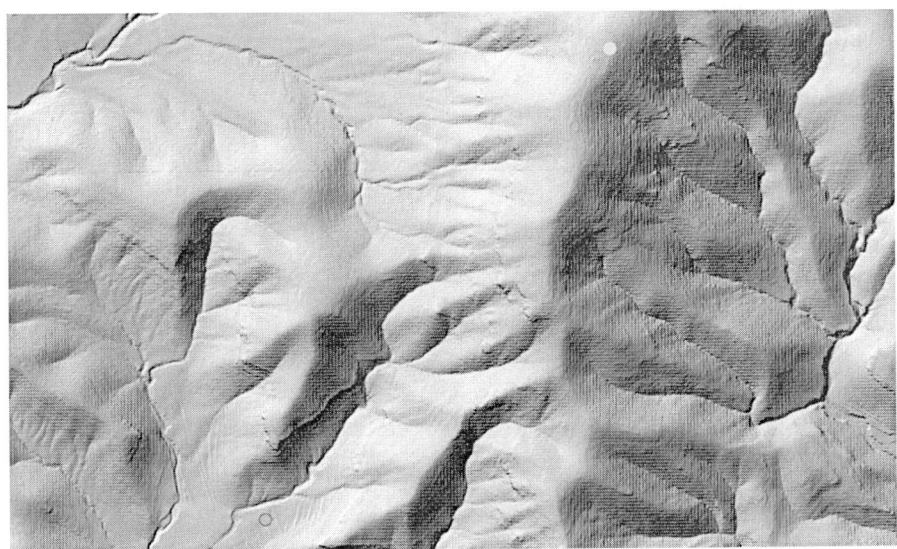

Figura 3.7: Ejemplo de raster de elevaciones con punto de partida y destino.

En la Figura 3.7 se puede ver el punto de inicio en las cotas más bajas (verde) y el punto de destino en las cotas más elevadas de la zona (amarillo) sobre la capa raster. Cuando se dispone de esta información, se ejecuta el plugin ⁀ y aparece la siguiente ventana que se muestra en la Figura 3.8.

47

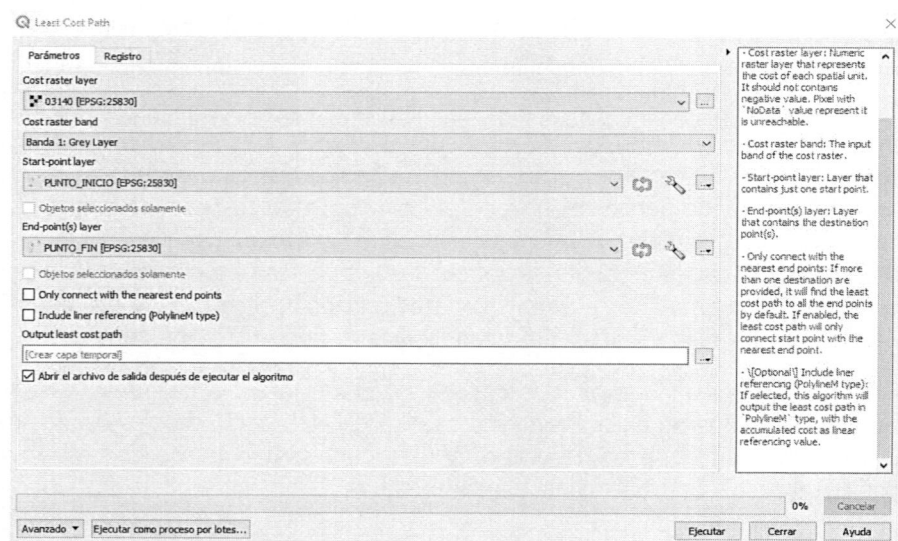

Figura 3.8: Ventana de configuración del plugin Least Cost Path.

En *Cost raster layer* se debe añadir la capa raster con el coste considerado. En este caso se trata de la capa raster con elevaciones. En *Cost raster band* se debe seleccionar la banda de la capa raster a considerar. En este caso solamente existe una banda. En *Start-point layer* se selecciona el punto de partida y en *End-point(s) layer* la capa con el punto o puntos de llegada. En esta última capa es posible añadir diferentes puntos para obtener más de una ruta a la vez.

En las opciones seleccionables se puede seleccionar, en el caso de tener más de un punto de llegada, que devuelva todas las rutas o solo la óptima. También es posible obtener una polilínea de tipo-M con el coste acumulado en cada uno de sus vértices para exportarla a otros formatos y poder obtener más resultados. Tras ello, se pulsa en ejecutar y se obtiene el siguiente resultado.

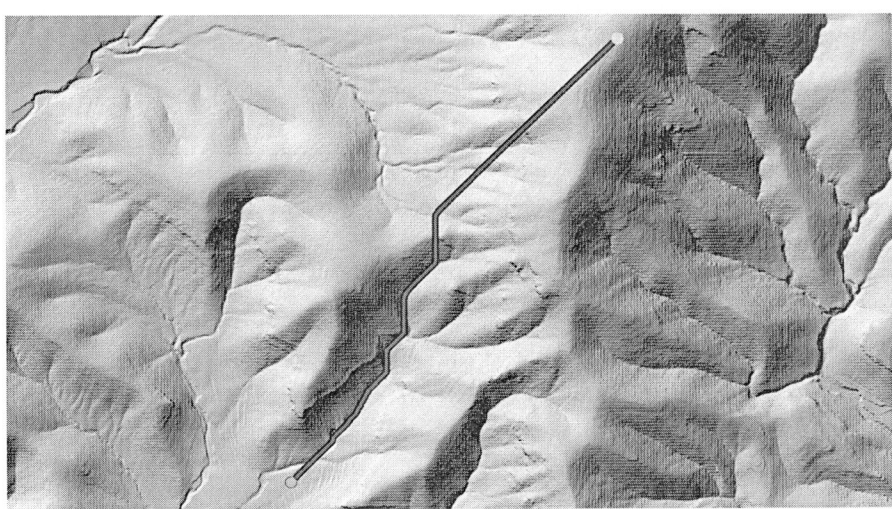

Figura 3.9: Resultado de la polilínea óptima.

Como se puede observar en la Figura 3.9, el plugin devuelve una capa de línea con el trazado de la ruta de menor coste entre los puntos de inicio y fin. Esta polilinea se puede exportar a diferentes formatos para trabajar con ella en otros softwares de diseño vectorial como AutoCAD (*.dxf).

En el caso de tener diferentes puntos de destino, es posible obtener la ruta óptima para cada uno de ellos en la misma ejecución del algoritmo. El algoritmo se ejecuta del mismo modo, pero no se debe activar la opción de *Only connect with the nearest end points*. En la Figura 3.10, se puede ver el mismo ejemplo, pero con diferentes puntos de llegada y el trazado de cada una de las rutas.

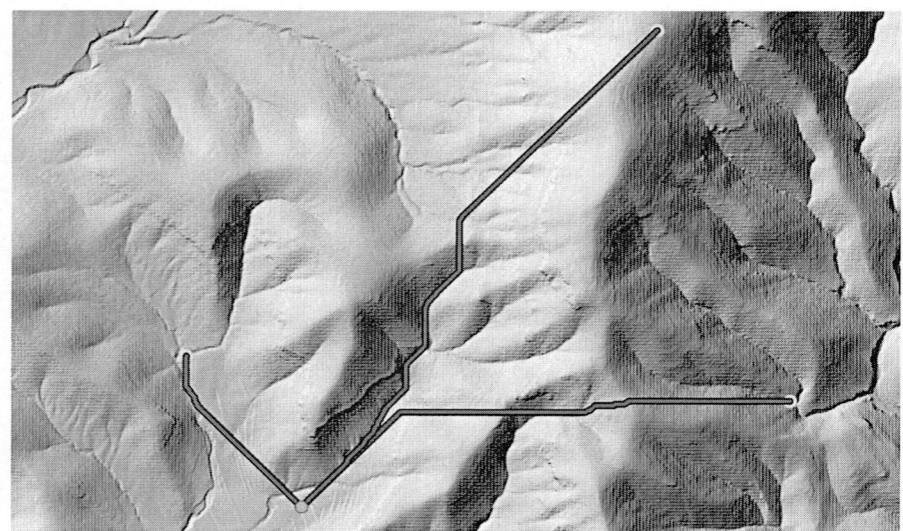

Figura 3.10: Resultado de la polilínea óptima para varios destinos.

En la ejecución de este algoritmo es determinante el tamaño de píxel utilizado para el raster de costes. Un tamaño de píxel muy pequeño (inferior a 2.0 m) puede ralentizar mucho el proceso de cálculo. Lo mismo ocurre con el tamaño del raster completo. Si conocemos aproximadamente la zona de trazado, es recomendable recortar el raster para ese tramo únicamente, de lo contrario el proceso puede hacerse muy largo e incluso hacer colapsar el programa.

3.4 QField.

El Plugin QField permite crear un espacio de trabajo del proyecto de QGIS para trabajo en campo y toma de datos. Este plugin permite disponer de QGIS en dispositivos móviles con Android e iOS permitiendo al usuario disponer del software, de forma diferente, pero con muchas de sus prestaciones en una pantalla de menor tamaño y en remoto. El software, mediante su sofisticada tecnología permite al usuario obtener datos de campo y trasladarlos al trabajo de gabinete de forma cómoda y sencilla y económica pues, como todos los proyectos de *Open Source* son gratuitos.

Este nuevo software tiene muchas funciones útiles como digitalización, online y offline, editar las capas para las geometrías y sus atributos, accionado todo mediante el GPS del dispositivo móvil que permite localizarse en tiempo real. Su interfaz es muy sencilla de utilizar pues dispone de los contenidos mínimos para el trabajo en campo. Todo el trabajo de campo es fácilmente sincronizable gracias al complemento de QGIS denominado QFieldSync. En los siguientes párrafos se hace una breve descripción de su instalación y creación de un proyecto para trabajo en campo.

3.4.1 Instalación QField

QField se puede descargar directamente desde la *Play Store* del dispositivo Android donde se encontrará "QField para QGIS" con el símbolo ○. Una vez encontrado, solamente se debe pulsar en instalar:

Figura 3.11: QField para QGIS en la Play Store (Android).

En el proceso de instalación el software solicitará acceso a donde se pulsar en Permitir para poder utilizar la aplicación con el GPS.

3.4.2 Sincronización QField

Para crear un nuevo proyecto que se pueda llevar en el dispositivo móvil lo más recomendable es crearlo en *QGIS Desktop* para después trasladarlo a la aplicación. Para ello, se crea un nuevo proyecto de forma normal con todas las capas que se consideren necesarias que se requieren para el trabajo en campo. En la versión de escritorio se deben dotar a las capas de la simbología y el etiquetado que se desee que aparezca en la versión móvil. Para comprender mejor la importancia de información, se ha creado un proyecto en el que está representada una red de riego proyectada que se va a ejecutar en campo.

51

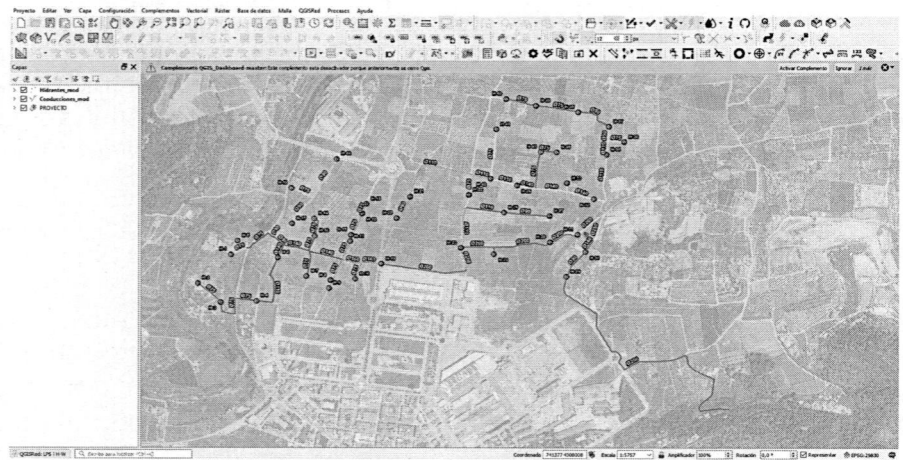

Figura 3.12: Proyecto de red de riego para ejemplo de uso del QField.

Ahora, se accede a *Proyecto > Propiedades* y se indica en la *Configuración general* que se guarden rutas relativas de los archivos. Tras ello, es momento de importar el proyecto *.qgs al dispositivo móvil para poder trabajar y visualizar el mismo en el dispositivo móvil. Simplemente se ha de copiar el contenido de la carpeta en la que está guardado el proyecto en una carpeta de la memoria interna del dispositivo móvil. Tras ello es posible desconectar el dispositivo móvil del ordenador.

Ahora, para visualizar este proyecto que se ha importado al dispositivo móvil se debe acceder a la aplicación de QField ○ y pulsar sobre el botón de carga *Abrir archivo local*.

Figura 3.13: Pantalla de carga de archivos QField.

Posteriormente, se ha de buscar en el directorio donde se haya guardado el proyecto *.qgs para abrirlo directamente en el dispositivo móvil.

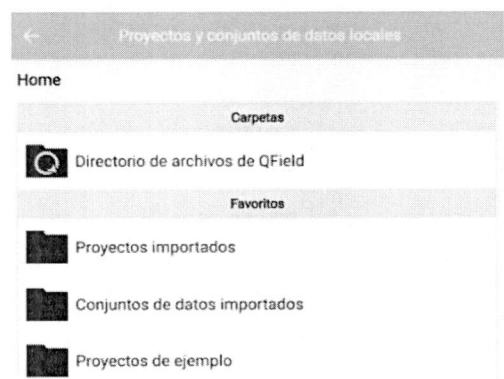

Figura 3.14: Proyectos y conjuntos de datos locales QField.

El proceso de carga del proyecto la primera vez puede tardar varios minutos en función del peso de los archivos. Tras la carga el resultado se muestra en la Figura 3.15. Las capas han conservado tanto el tipo de etiquetado como la simbología. En la imagen anterior se puede ver el símbolo de ubicación de GPS en la esquina inferior derecha. Pulsando sobre él, cuando el usuario se encuentra en campo con la aplicación abierta, el GPS le ubica sobre la interfaz.

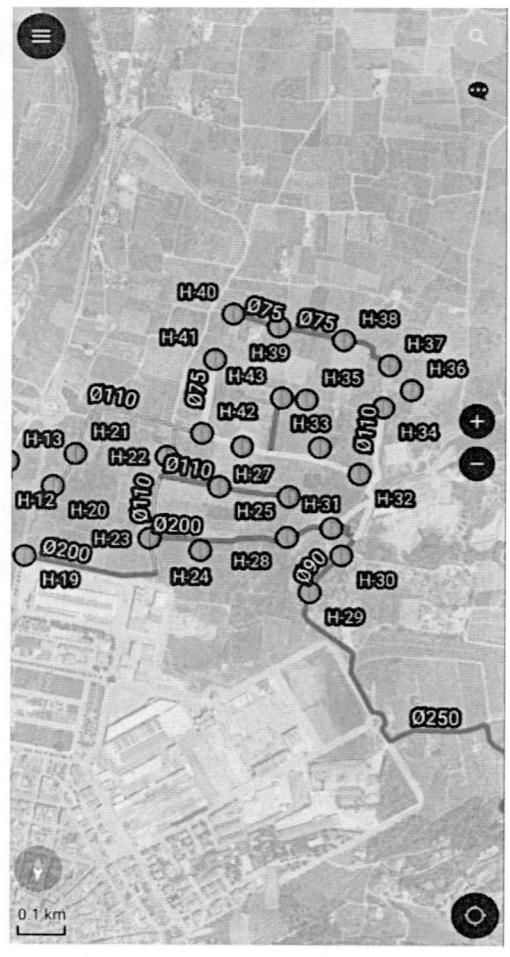

Figura 3.15: Proyectos y conjuntos de datos locales QField.

3.4.3 Interaccion.

Para consultar los atributos de los elementos en campo, el usuario puede pulsar sobre la pantalla en cada elemento visible. Tras ello, aparecerá una ventana en la parte inferior de la pantalla donde se pueden ver los atributos de ese elemento.

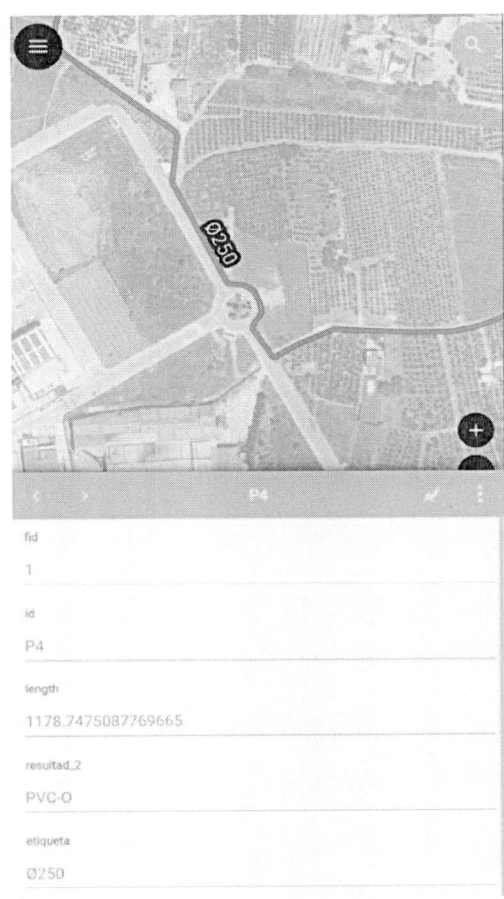

Figura 3.16: Consulta de atributos de elementos de campo en QField.

3.4.4 Edición.

También es posible la edición desde el dispositivo móvil. En la esquina superior izquierda aparece el símbolo ⬤ que da acceso a las diferentes opciones de la aplicación y al panel de capas. Una vez dentro de las opciones, para poder editar una capa se debe pulsar sobre ⬛✎ para activar y desactivar la edición de una capa.

Con la capa en edición aparecen nuevos botones de interacción que permiten añadir y editar nuevos elementos sobre la capa seleccionada. En la esquina inferior derecha aparece un nuevo botón con el símbolo + que permite añadir elementos. Tras añadirlos se debe pulsar de nuevo en para guardar los cambios.

Figura 3.17: Edición de elementos en diferentes capas QField.

Finalizado el trabajo de campo, se debe de volcar de nuevo los nuevos datos tomados sobre la aplicación de escritorio para poder visualizarlos en la misma.

Capítulo 4

Composiciones

En QGIS 3 se permite la exportación de la información gráfica, tanto vectorial como ráster, en diferentes formatos para tratar fuera del programa. Se pueden exportar imágenes en JPG, archivos PDV y SVG o directamente imprimir a través de una impresora configuara en el ordenador que se esté utilizando.

El objetivo de este punto es tratar el Gestor de composiciones del que dispone QGIS y mostrar las principales características y funciones del mismo para tratar la exportación de mapas y planos. Además, en este punto se tratará la función de Generar atlas de la que dispone el software para generar mapas y planos de una forma automatizada. En este apartado no se va a profundizar en exceso sobre todas las opciones de creación de mapas. Esa información se puede obtener de la primera edición del libro llamada "Introducción a QGIS".

4.1 Generar nueva composición.

Para acceder al diseñador de impresión se procede desde *Proyecto > Administrador de composiciones* donde se abre una ventana como la mostrada en la Figura 4.1. Tras ello, se pulsa en crear y se añade el título de la composición.

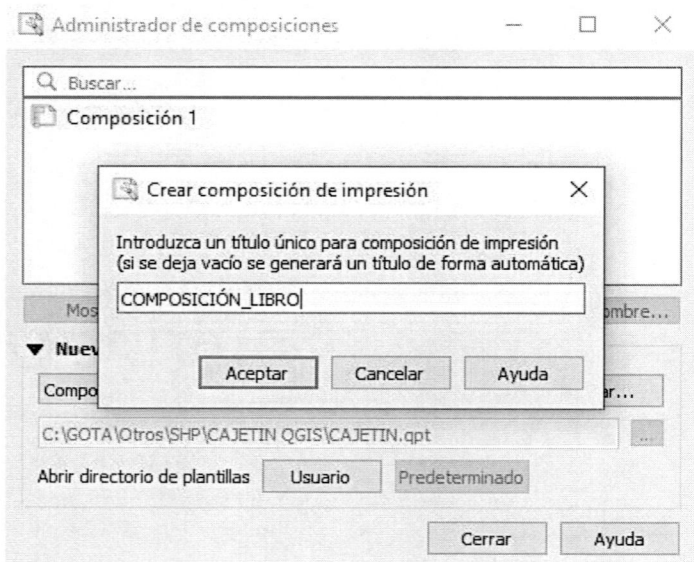

Figura 4.1: Ventana de administrador de composiciones.

Una vez abierta la nueva composición, se le debe añadir el tamaño a la misma desde el panel situado a la derecha de la pantalla en el apartado Propiedades de diseño donde aparece la siguiente ventana mostrada en la Figura 4.2:

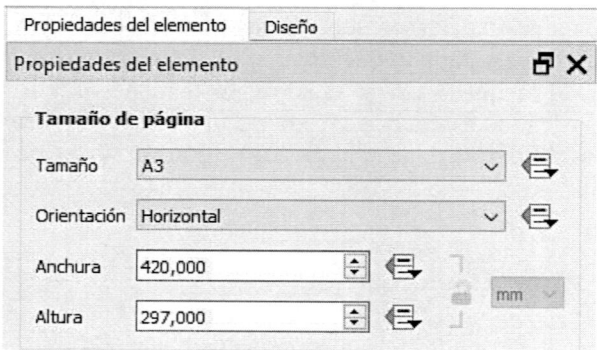

Figura 4.2: Propiedades del elemento de la composición.

Ahora con la nueva composición en blanco, es momento de añadir una ventana gráfica sobre la que trabajar para poder obtener los mapas o planos.

4.2 Generar vista.

Para generar una nueva vista sobre la que ver las capas que se han generado en el espacio de trabajo se debe ir a la caja de herramientas, que aparece en la parte izquierda de la pantalla y pulsar sobre *Añadir mapa* . Tras ello, se dibuja el mapa sobre el espacio de trabajo. Si se desea dar las dimensiones exactas de la ventana, dentro del panel de *Propiedades del elemento* se puede hacer desde el apartado posición y tamaño. El resultado de esta operación se muestra en la Figura 4.3

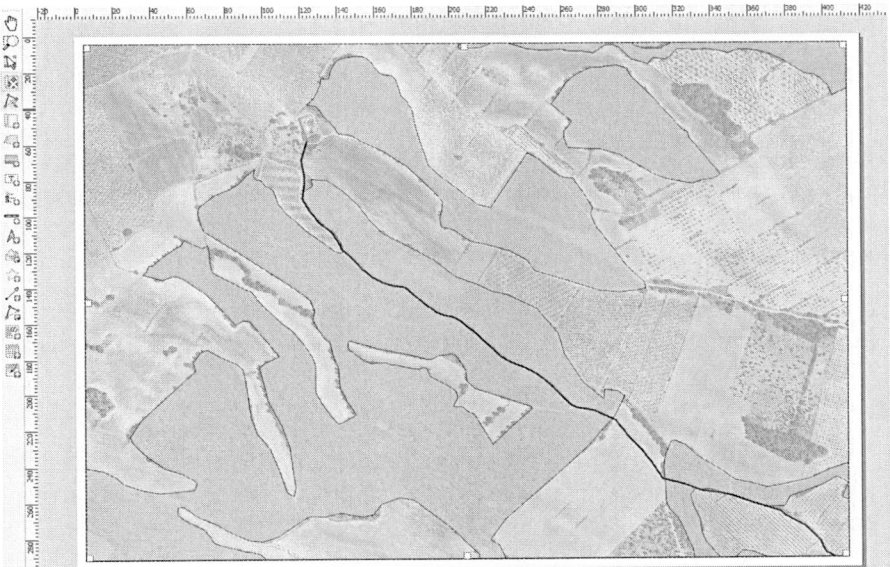

Figura 4.3: Mapa sobre el espacio de trabajo.

Para desplazarse por el interior del nuevo mapa, se debe utilizar el botón de *Mover contenido del elemento* y así poder seleccionar exactamente lo que se quiere representar sobre el mismo.

4.3   Generar atlas.

Como se dijo en inicio, el objetivo de este punto es tratar el tema de la generación de atlas mediante QGIS 3. El generador de atlas en QGIS 3 es una herramienta que sirve para automatizar la creación de mapas múltiples basados en un conjunto de datos específico. Sus principales ventajas y utilidades son las siguientes:

- Permite generar múltiples mapas a partir de un solo diseño, iterando automáticamente a través de las características de una capa. Ahorra tiempo al eliminar la necesidad de crear manualmente cada mapa individualmente.

- Garantiza que todos los mapas generados tengan el mismo diseño, estilo y formato, lo que es crucial para proyectos que requieren uniformidad visual.

- Ofrece opciones para personalizar cada mapa individualmente mediante variables y expresiones, permitiendo ajustes específicos según las características de los datos. Permite incluir información dinámica en los mapas, como títulos, etiquetas y datos específicos de cada característica.

- Se integra perfectamente con el diseñador de *layouts* de QGIS, permitiendo la incorporación de múltiples elementos de diseño, como leyendas, escalas, títulos y anotaciones.

- Facilita la exportación masiva de mapas en diversos formatos (PDF, PNG, TIFF, etc.), adecuada para informes, publicaciones y presentaciones. Puede generar un archivo único con múltiples páginas o archivos individuales para cada mapa.

- Ofrece control sobre la visualización de las capas, permitiendo mostrar u ocultar elementos según la característica que se está mapeando. Posibilita la creación de mapas temáticos donde la simbología puede variar según los atributos de las características.

- Los mapas se actualizan automáticamente cuando se realizan cambios en los datos subyacentes, lo que asegura que siempre se trabaja con la información más reciente.

Conocidas sus ventajas y características, es momento de trabajar sobre él. Para activarlo, se procede desde A*tlas > Configuración de atlas* o bien pulsando sobre el botón ⬚. Una vez se accede, se abre el siguiente menú que se muestra en la Figura 4.4.

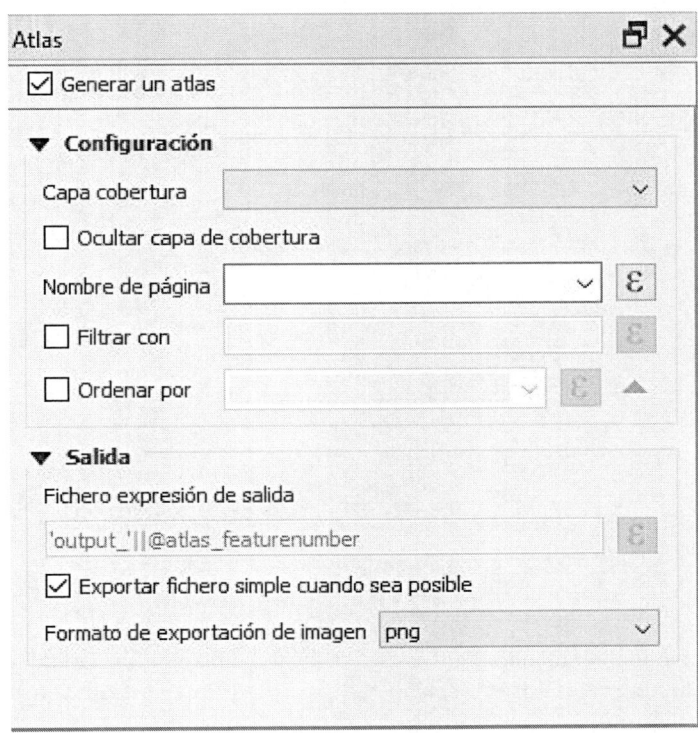

Figura 4.4: Ventana configuración del atlas.

Para trabajar con Atlas, debe estar activada la opción de *Generar un atlas* que aparece en la parte superior. Después, en el apartado de configuración se debe seleccionar la *Capa de cobertura*. Para una mejor compresión de este apartado se va a trabajar con un ejemplo en el que se desea obtener diferentes planos a partir de una capa.

Retomando el ejercicio utilizado en el **Ejemplo N4** donde se deseaba conocer cuáles podrían regarse directamente por gravedad sin requerimientos de bombeo, se obtuvieron dos tipos de parcelas, las que requerían equipo de bombeo para el riego y las que no. Este resultado se muestra en la Figura 4.5.

61

Figura 4.5: Ejemplo N4 para ilustrar el uso de Atlas.

A partir de la capa resultado generada, se desea obtener un plano individual de cada una de las parcelas las cuales no requieren equipo de bombeo para el riego, en este caso, las que se muestran en color rojo. Antes se va a configurar la parte del cajetín, titulo, escala del mapa que se desea vaya variando para cada elemento impreso:

- Se añade el norte en la composición a partir de .

- Se añade la escala gráfica a partir de .

4.4 Texto dinámico.

Se desea que, en el título de cada plano, el mismo vaya variando automáticamente según se genera cada uno de los planos con cada parcela. En el título debe aparecer el siguiente texto: **Plano de la Parcela "COD_PARCELA"**

Para que el programa lea el código de cada parcela de la tabla de atributos de la capa, se debe crear un cuadro de texto a partir del botón y configurarlo a partir del panel de propiedades que se muestra en la Figura 4.6.

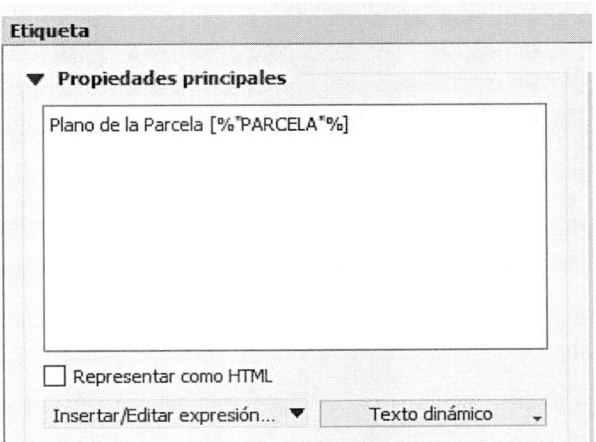

Figura 4.6: Etiqueta de tabla de atributos dinámica.

Se escribe el texto fijo que se desea que aparezca en todos los planos y después se pone el código de la parcela mediante texto dinámico. Simplemente se debe de seleccionar el atributo de la capa deseada sobre *Texto dinámico > Campo > Parcela* y aparece [%"PARCELA"%].

4.5 Configuración de Atlas.

Con todos los elementos que debe contener cada plano configurados es momento de configurar el atlas general y darle la información de la capa o capas sobre la que debe iterar para generar los resultados. Para ello, se selecciona la ventana principal del plano mediante ⬚ y se activa la opción de *Controlado por atlas* en el apartado de *Propiedades del elemento* donde aparece la siguiente ventana que aparece en la Figura 4.7.

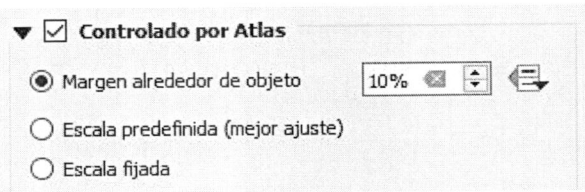

Figura 4.7: Propiedades del elemento de Atlas.

63

Sobre ella se debe seleccionar la opción de escala que se desea para los planos que se van a exportar. Las propiedades de cada opción son las siguientes:

- **Margen alrededor del objeto:** se introduce un % de margen sobre cada elemento de la capa. Con esta opción cada uno de los planos sacará una escala diferente en función del tamaño de cada objeto.

- **Escala predefinida (mejor ajuste):** usa una de las escalas predefinidas en el proyecto en la que se ajuste mejor las características del atlas.

- **Escala fijada:** Se mantendrá en todo momento la escala que tiene actualmente la vista principal, adecuando la posición del objeto a imprimir en cada momento.

En este caso, para definir el ejemplo, se va a seleccionar la primera opción con un 15% de margen alrededor del objeto.

Tras este paso, se vuelve al panel de *Atlas* donde:

- **Capa de cobertura:** será la capa que contiene todas las parcelas del estudio, tanto las que regaban con equipo de bombeo como las que no.

- **Nombre de la página:** cómo se va a generar un único PDF con todos los planos, es posible numerar las hojas de estos. Si no se dispone de un código en la tabla de atributos, para que sean correlativos se puede escribir *$id+1* para que tome valores desde el 1 de forma correlativa hasta el último plano o dejarlo en blanco. En este caso se dejará en blanco

- **Filtrar con:** en este apartado se establece, mediante un atributo, aquellos elementos que se desean imprimir y cuáles no. En este caso, solamente se desea imprimir aquellas parcelas que no requieren del bombeo, las cuales fueron etiquetadas con el atributo "NO". Se accede al filtrado mediante expresión ε y se escribe el comando que aparece en la siguiente imagen:

- **Ordenar por:** Aquí se establece el orden en el que se desea que aparezcan los planos en el PDF. En este caso se va a establecer mediante el número de parcela siendo el atributo "PARCELA".

Antes de imprimir, es posible ver el resultado que se va a obtener mediante el panel de atlas situado en la parte superior de la pantalla.

Del desplegable se puede seleccionar cada uno de los planos que se van a generar e ir viendo el resultado que se va a obtener. Si se selecciona el primero a imprimir el *layout* cambia y aparece solamente la parcela 3 de forma automática. Se puede observar como en el título del plano también cambia el número de parcela.

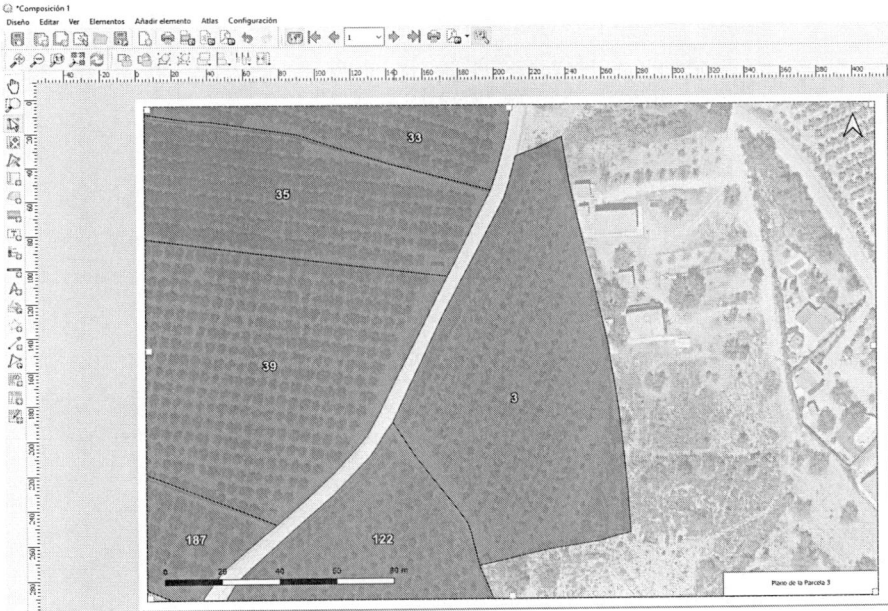

Figura 4.8: Visualización de preimpresión.

Si se selecciona la impresión número 9 esta corresponde con la parcela 36 la cual se ubica en el centro del layout y cambia tanto la escala del plano como el título de este.

65

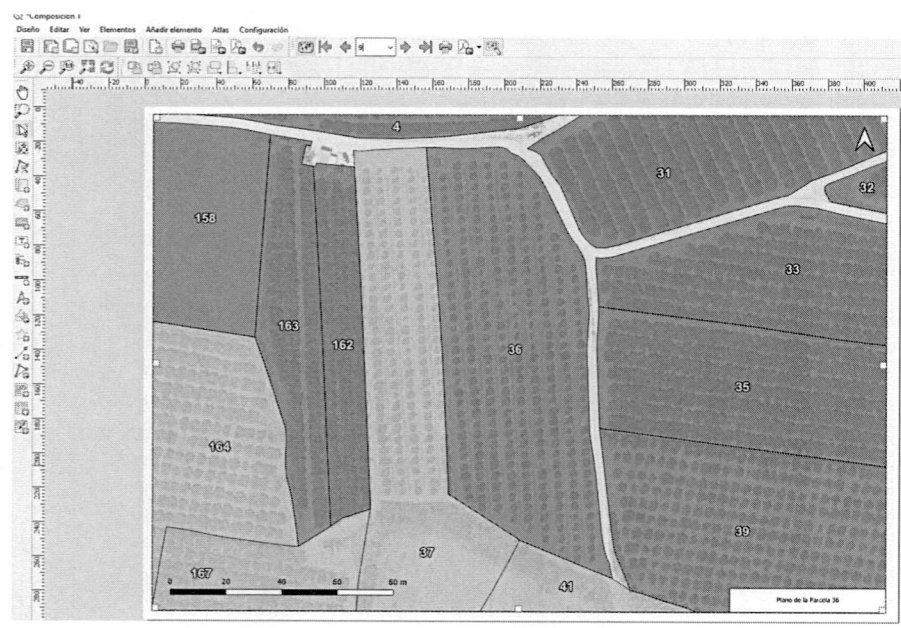

Figura 4.9: Comprobación de preimpresión.

Comprobados los resultados que se van a obtener, se puede imprimir todo en PDF en un único archivo mediante el botón *Exportar atlas como PDF* 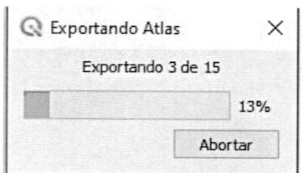. Se puede seguir el proceso de exportación de los 15 planos en pantalla:

Capítulo 5

Obtención de una Cuenca Hidrográfica

La cuenca hidrográfica es una unidad natural de gestión del agua que abarca el territorio cuya escorrentía superficial converge en un único punto de salida, generalmente un río, lago o mar. Conocer la cuenca hidrográfica de una zona es crucial para una amplia variedad de trabajos de ingeniería y planificación. Por ejemplo, permite identificar áreas de riesgo de inundación y diseñar infraestructuras para controlarlas, monitorear y gestionar fuentes de contaminación para asegurar la calidad del agua, dimensionar y ubicar presas, embalses, canales y sistemas de drenaje, identificar áreas vulnerables a la erosión y diseñar medidas de control.

Al tratarse de espacios grandes, abordar su delimitación de forma manual puede ser una tarea bastante ardua, es por ello, que en este punto se explica, paso por paso, como obtener la cuenca hidrográfica de una zona mediante el uso de QGIS 3. Durante todo el libro se ha utilizado la versión QGIS 3 *Desktop* pero para la obtención de la cuenca hidrográfica es preceptivo utilizar algunas de las funciones de **GRASS** de las que dispone el programa. **GRASS** (*Geographic Resources Analysis Support System*) es un software de sistemas de información geográfica (SIG) de código abierto utilizado para el manejo y análisis de datos geoespaciales. GRASS es uno de los proyectos de software más antiguos y robustos en el ámbito de SIG y es ampliamente utilizado para realizar análisis espaciales avanzados, modelado geoespacial y procesamiento de datos raster y vectoriales.

A continuación, se va mostrando paso a paso los archivos de los que se debe disponer para dar comienzo al estudio y los procesos a llevar a cabo sobre QGIS 3 with Grass. Si no se tiene activado GRASS se debe acceder a *Complementos > Administrar e instalar complementos > Grass 8* y activarlo. Tras ello, aparecerán sus algoritmos en la caja de herramientas.

5.1 Modelo de Elevación.

Para delimitar la cuenca es necesario contar con un modelo digital de elevaciones (MDE) del área de estudio que se puede obtener de la web del CNIG[1]. En la imagen mostrada en la Figura 5.1, se puede ver el mapa de sombras de la zona de estudio que se va a utilizar como archivo de partida para obtener el resto de archivos que darán como resultado una *shape* con la cuenca hidrográfica.

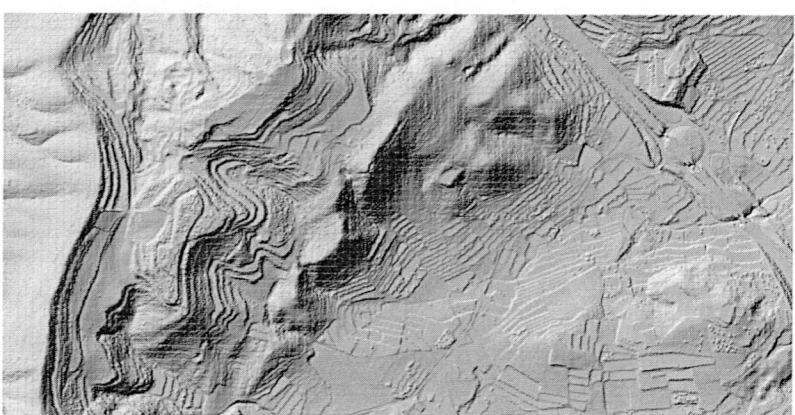

Figura 5.1: Mapa de sombras de la zona de estudio del modelo de elevación extraído del CNIG.

Ahora, en la Caja de herramientas se accede a *GRASS > Raster > r.fill.dir*. Se hace doble click sobre la misma y se abre la siguiente ventana mostrada en la Figura 5.2.

---

[1]https://centrodedescargas.cnig.es/CentroDescargas/index.jsp

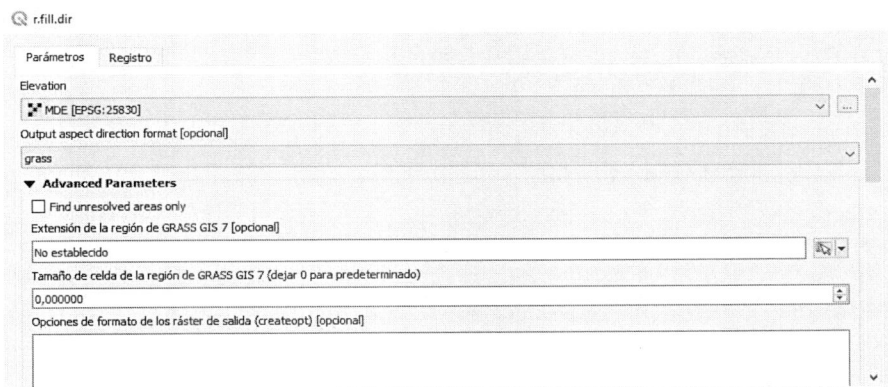

Figura 5.2: Ventana de configuración GRASS.

En *Elevation* se selecciona la capa raster que contiene el modelo digital de elevaciones. El resto de parámetros se pueden dejar por defecto. Se puede guardar la capara en un directorio o trabajar con capas temporales. El resultado se muestra en la Figura 5.3.

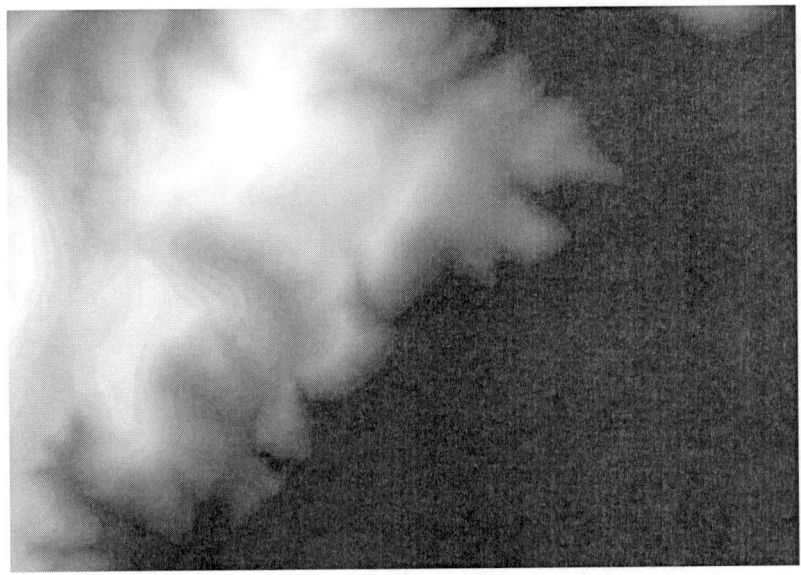

Figura 5.3: Resultado del modelo digital de elevaciones.

Lo que hace este algoritmo es filtrar y generar una capa de elevación sin depresiones y una capa de dirección de flujo a partir de una capa ráster de elevación. Con esto se garantiza que no haya picos o valores atípicos.

5.2   Cuenca (*Watershed*).

En el siguiente paso se utiliza la herramienta de GRASS denominada *r.watershed*. La misma se encuentra en el directorio de la caja de herramientas *GRASS > Raster > r.watershed*. Cuando se ejecuta aparece la siguiente ventana. En este caso, el archivo de partida será el del resultado anterior (*r.fill.dir*). En la ventana de la Figura 5.4 se muestran las opciones a seleccionar.

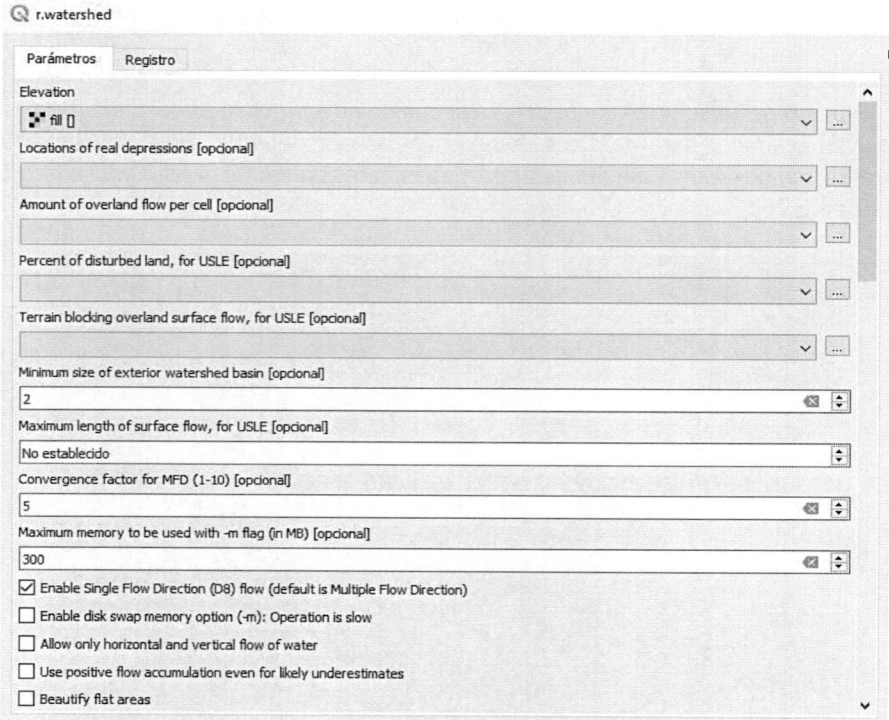

Figura 5.4: Ventana de configuración de la cuenca (*watershed*).

En *Elevation* se selecciona el archivo que se ha obtenido del proceso anterior. El resto de parámetros pueden dejarse por defecto a excepción de:

- **Minimun size of exterior watershed basin:** se debe indicar el tamaño de celda o píxel. Para poder consultarlo se puede ver en la capa *fill* haciendo *Click derecho > propiedades > información > tamaño de píxel.* En este caso es de 2.0 m.

- Debe estar activa la opción *Enable Single Flor Direction (D8) flow.*

Tras ejecutar el algoritmo aparecen dos nuevos archivos en el panel de capas. Uno es el de dirección del flujo y otro el de acumulación como se muestra en la Figura 5.5.

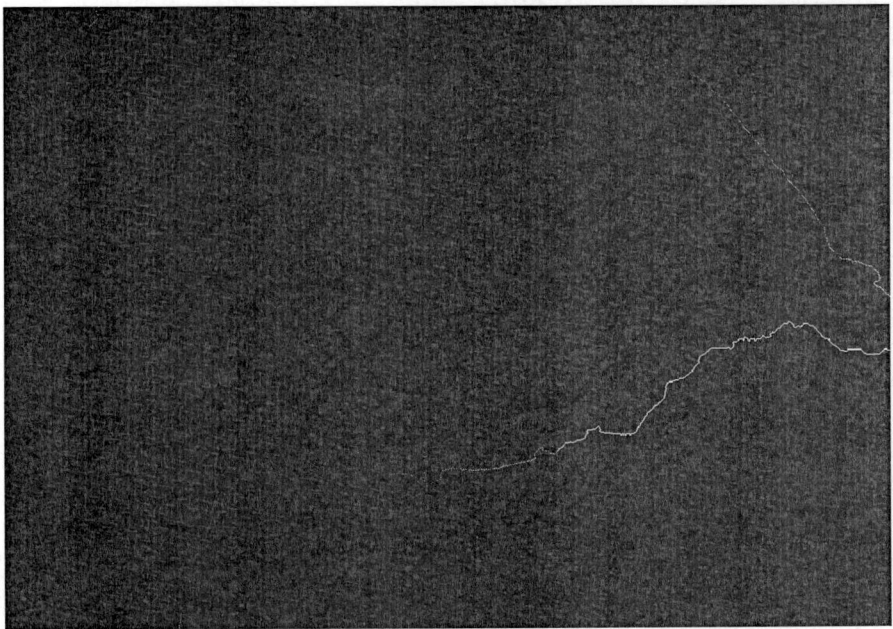

Figura 5.5: Resultado de acumulación de flujo.

La Figura 5.5 muestra el *Flow accumulation* donde se puede ver como el raster marca las líneas por las que va a acumulando el flujo.

Figura 5.6: Resultado de la dirección del flujo debidas a las pendientes.

Por último, la Figura 5.6 muestra *Flow direction* donde con un código de colores indica la dirección que toma el flujo en cada píxel debido a las pendientes del terreno.

5.3   Punto de desfogue.

Como se puede ver en la imagen de *flow accumulation* existen diversas vertientes por las que puede ir el flujo en este modelo digital de elevaciones. Es posible que no se desee obtener la totalidad de la cuenca sino hasta un punto en concreto donde vierte todo el flujo deseado. Para ello, mediante una capa de *shape* de puntos se delimita la microcuenca.

Para ello se accede a *Capa > Crear capa > Nueva capa de archivo shape* donde se crea una capa de tipo punto y se guarda en el directorio deseado.

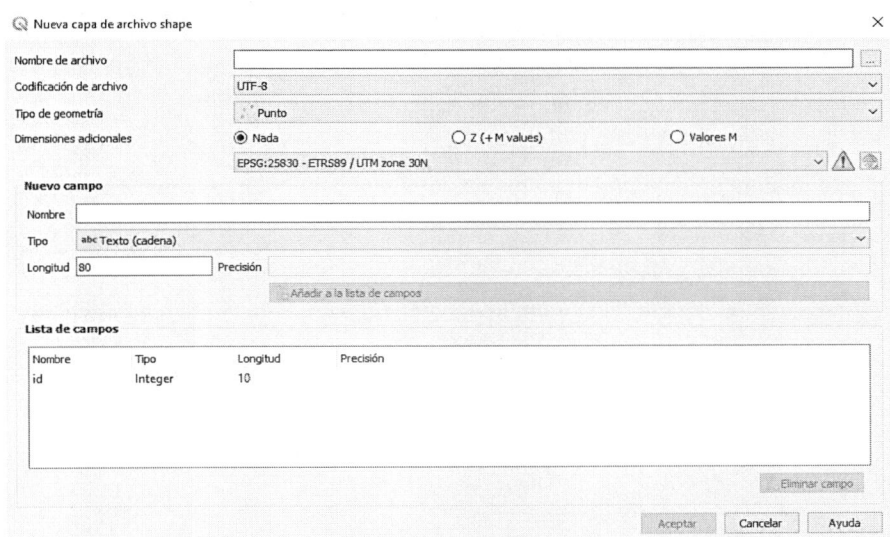

Figura 5.7: Ventana de configuración de la capa para punto de desfogue.

Tras ello, con la capa creada el panel de capas, se pulsa sobre ⚬ᵃ y se añade el punto en el punto de desfogue deseado. Es muy importante que el punto caiga exactamente sobre un píxel de la capa *flow accumulation* como se ve en muestra en la Figura 5.8.

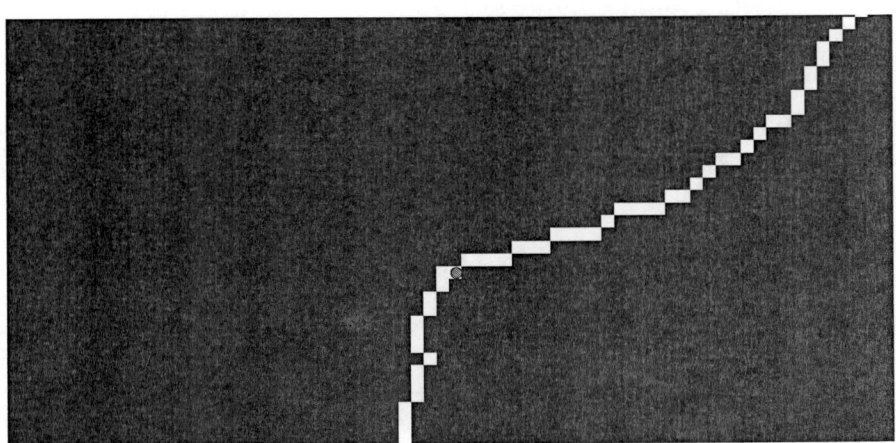

Figura 5.8: Resultado de la capa seleccionando el punto de desfogue.

Con el punto ubicado, el siguiente paso consiste en utilizar la herramienta de GRASS denominada *r.water.outlet*. A la misma se accede desde la caja de procesos en el apartado *GRASS > Raster > r.water.outlet* donde aparece en una ventana como la mostrada en la Figura 5.9.

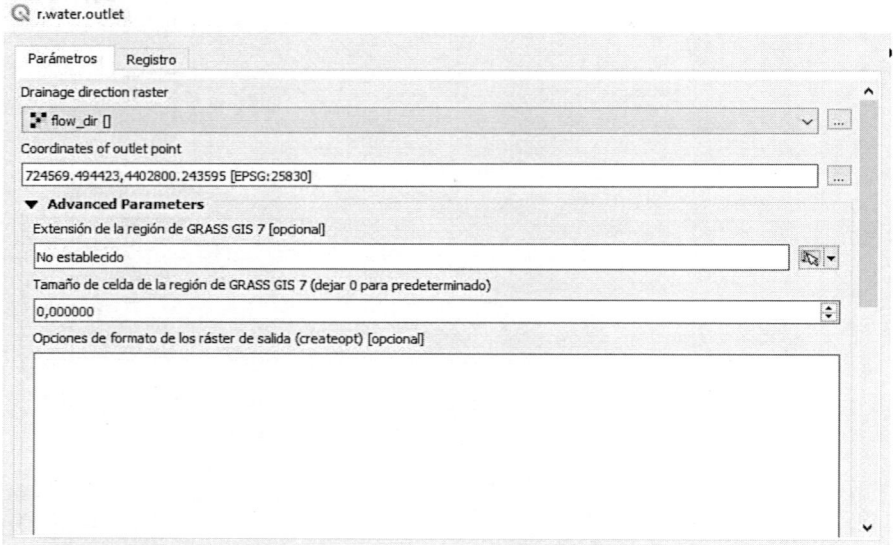

Figura 5.9: Ventana de configuración de la salida de agua *(water outlet)*.

Como capa de drenaje se debe seleccionar la capa creada de *flow direction*. Tras ello, se pulsa sobre y se selecciona sobre el lienzo el punto de desfogue. El resultado (mostrado en la Figura 5.10) al ejecutar es una capa raster denominada *watershed* con el contorno de la cuenca hasta el punto de desfogue seleccionado.

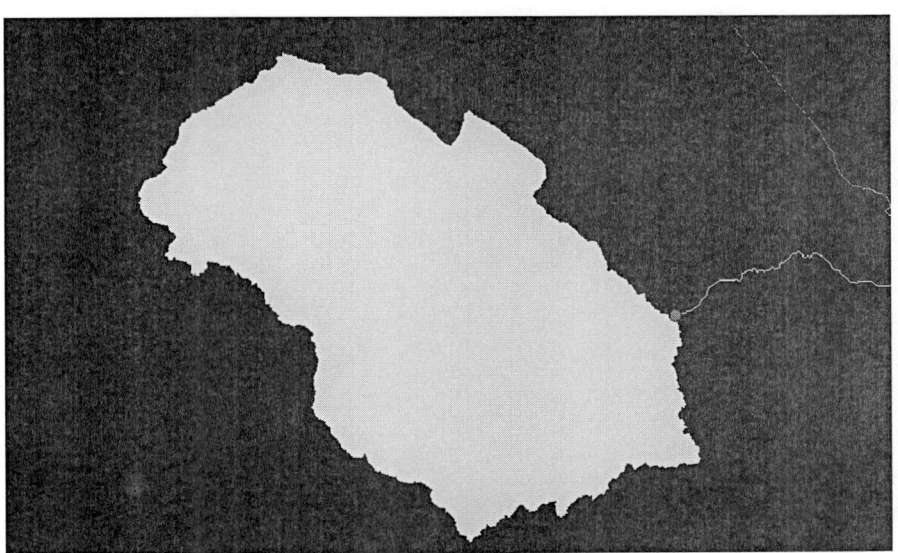

Figura 5.10: Resultado de generación de contorno de cuenca.

Ahora, si se desea transformar el archivo raster de la delimitación de la cuenca en un archivo vectorial de tipo polígono se accede a la caja de procesos *GRASS > Raster > r.to.vect* donde aparece una ventana como la de la Figura 5.11.

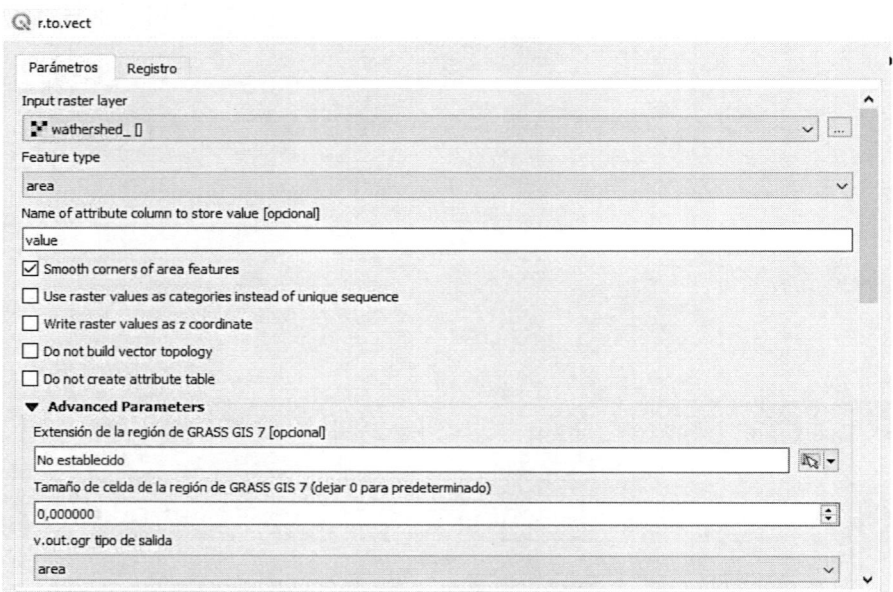

Figura 5.11: Ventana de configuración de transformación vectorial.

En el apartado *Input raster layer* se selecciona el archivo *watershed* donde se dispone del contorno de la cuenca en formato raster. En el apartado *Feature type* se selecciona tipo área del mismo modo que en el apartado *v.out.ogr*. Por último, si se desea suavizar las esquinas del contorno se debe activar la opción *Smooth corners of área features*. Finalmente se obtiene una capa vectorial de tipo polígono como el mostrado en la Figura 5.12.

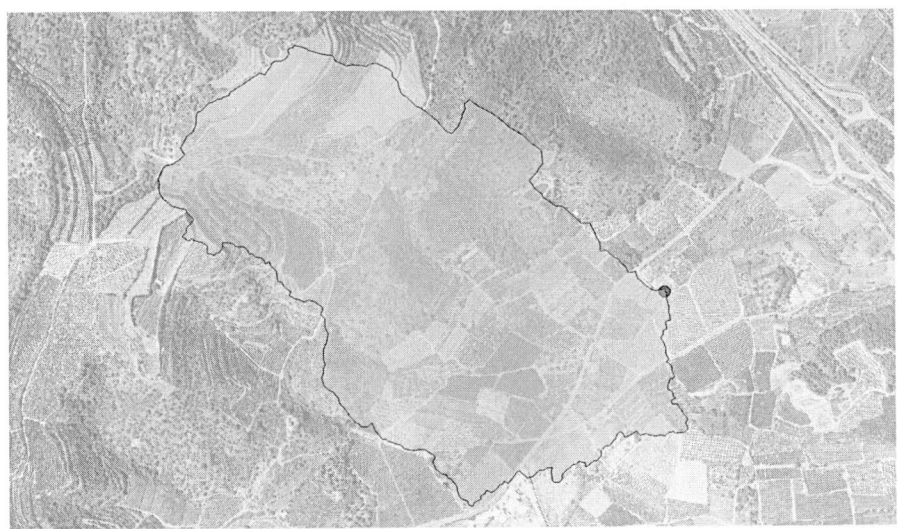

Figura 5.12: Resultado de capa vectorial poligonal de la cuenca.

5.4 Dirección de cauces.

Por último, si se desea obtener la dirección de los cauces que se han generado a partir del archivo *flow accumulation* se debe proceder mediante el algoritmo de GRASS *r.stream.extract*. Al mismo se accede desde la caja de procesos en el apartado *GRASS > Raster > r.stream.extract* donde se abre una ventana como la mostrada en la Figura 5.13.

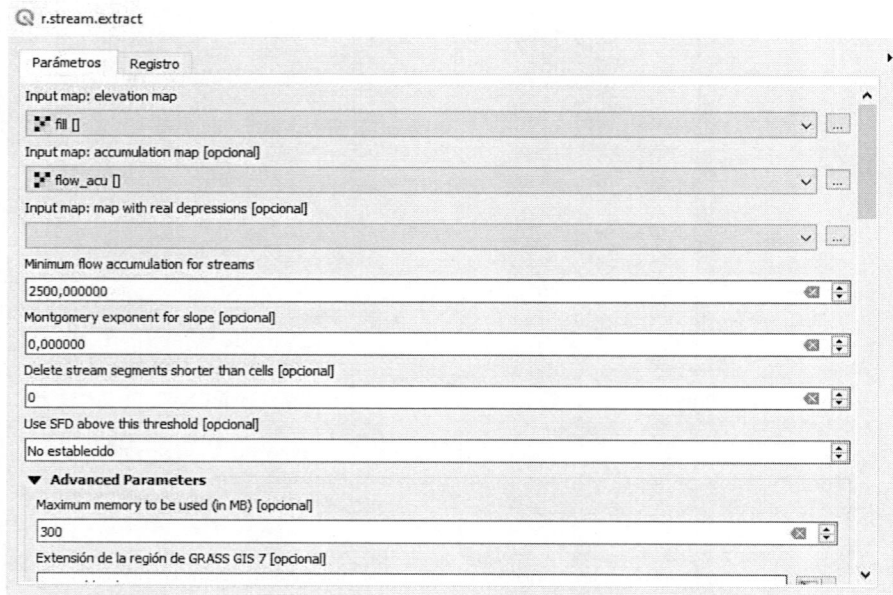

Figura 5.13: Ventana de configuración de *Stream extract*.

En el apartado *Input map: elevation map* se selecciona el primer archivo obtenido en el proceso llamado *fill.dir*. En apartado *Input map: accumulation map* se selecciona el archivo obtenido denominado *flow accumulation*.

El parámetro *Mínimum flow accumulation for streams* es el que permite obtener una mayor o menor densidad de redes hídricas. Es probable que este proceso se tenga que repetir algunas veces hasta obtener el resultado deseado. En este ejemplo se hace un valor de 2500. Por último, en el apartado *v.out.ogr* se selecciona tipo línea. El resultado final se muestra en la Figura 5.14.

Figura 5.14: Resultado de la acumulación de cauces.

Con esto ya se dispone de la cuenca hidrográfica como polígono y la red hídrica en líneas como archivos vectoriales.

Bibliografía

Atkinson, R., Morley, M., Walters, G. A., & Savic, D. A. (1998). GANET-the integration of GIS, network analysis and genetic algorithm optimization software for water network analysis. *Hydroinformatics*, *98*(1), 357-362. (Vid. pág. 1).

Bosque Sendra, J. (1992). *Sistemas de información geográfica*. Madrid: Rialp. (Vid. pág. 1).

Didier, M., & Bouveyron, C. (1993). *GIS Economic and Methodological Guide*. Hermès Publishers Washington, DC. (Vid. pág. 1).

GIS, L. I. (1990). National Center for Geographic Information and Analysis. (Vid. pág. 1).

González-Pavón, C., Palau, C. V., Juárez, J. M., Estruch-Guitart, V., Guillem-Picó, S., & Balbastre-Peralta, I. (2024). Optimization of collective irrigation network layout through the application of the analytic hierarchy process (AHP) multicriteria analysis method. *Water*, *16*(3), 370. (Vid. pág. 7).

González-Pavón, C., Tarrazó-Serrano, D., & Castiñeira-Ibáñez, S. (2024). *Introducción a QGIS*. Tirant lo Blanch. (Vid. pág. 2).

Ramesh, H., Santhosh, L., & Jagadeesh, C. (2012). Simulation of hydraulic parameters in water distribution network using EPANET and GIS. *Internatio-*

nal conference on ecological, environmental and biological sciences, Dubai, 350-353. (Vid. pág. 1).